AF450200

RICHARD J. SAMUELSON

LA GUERRA DEL VIETNAM

la case books

LA GUERRA DEL VIETNAM

Richard J. Samuelson

Copyright © 2021 LA CASE

Copyright © 2014 - 2021 LA CASE

Tutti i diritti riservati

2021 - 1a Edizione Cartacea

2021 - 1a Edizione Audiolibro

2014 - 1a Edizione Digitale

LA CASE Books

PO BOX 931416, Los Angeles, CA, 90093

info@lacasebooks.com || www.lacasebooks.com

Nessuna parte di questo libro può essere riprodotta o archiviata in un sistema di recupero né trasmessa in qualsivoglia forma o mediante qualsiasi mezzo, elettronico, meccanico, tramite fotocopie o registrazioni o in altro modo, senza l'autorizzazione scritta esplicita dell'editore.

INDICE

UNA GUERRA DIVERSA DALLE ALTRE

Il museo delle forze armate che si trova a Honolulu, alle Hawaii, è uno dei più importanti degli Stati Uniti. Al suo interno sono raccolti importati testimonianze su tutti i conflitti a cui gli Stati Uniti hanno partecipato. Il visitatore può camminare tra le diverse sale del museo ognuna dedicata a un diverso conflitto. Il patriottismo e l'orgoglio nazionale fanno da cornice a un sentimento di sicurezza e potenza che accompagna tutta la visita.

Per lo meno fino all'arrivo alla sala dedicata alla guerra del Vietnam. Appena entrati un rumore di elicotteri in sottofondo si mescola ad alcuni brani rock dell'epoca. Ricordo ancora come se fosse ieri le emozioni che mi colpirono quando entrai per la prima volta. L'ambientazione, infatti, è quella di uno spaccio militare, uno di quei bar dove i soldati trovavano conforto al loro ritorno dalle lunghe marce nella giungla. Alle pareti foto di battaglie e orrori della guerra, ma anche immagini di giovani poco più che ventenni che provano a ridere e a rilassarsi nel bel mezzo dell'inferno.

Una segnale posto all'estremità della sala invita il visitatore a continuare attraverso un passaggio buio. La musica rock come d'incanto non è più nemmeno percepibile e il rumore degli elicotteri e delle bombe è sempre più forte ed assordante. In pochi attimi l'atmosfera rilassata del bar militare è solo un vago ricordo. Nel buio del cunicolo si possono percepire foglie e arbusti a simulare la giungla vietnamita. Bastano pochi passi all'interno di quel mondo e tutto appare lontano e irreale.

La paura inizia a farsi largo e, dopo qualche secondo, una fotocellula collegata al pavimento illumina una trappola fatta di canne di bambù acuminate e pezzi di ferro che si apre proprio sotto ai nostri piedi. In un attimo la nostra esperienza di guerra è finita nel buio più completo e nel rumore assordante degli elicotteri.

Una ferita ancora aperta

Basta questa piccola avventura per far capire quanto sia aperta nella società americana la ferita di un conflitto che ancora oggi si fatica a incasellare nel grande libro della Storia. Se da un lato la guerra di Indipendenza, la Prima e la Seconda Guerra Mondiale, ma anche il difficile capitolo della Guerra di Secessione hanno trovato una loro collocazione storica e patriottica, quella del Vietnam resta una pagina oscura, un tabù difficile da affrontare.

Le ragioni sono molte. Questa difficoltà, infatti, non deriva solo dal fatto che si è trattato di una guerra persa, questa sarebbe un'interpretazione troppo semplicistica.

La Guerra del Vietnam è stata un conflitto disastroso, ma è anche stata il più duro banco di prova delle istituzioni americane dai tempi della guerra civile. Una guerra che ha portato alla luce le tremende differenze culturali e politiche che animavano di Stati Uniti dell'epoca, ma anche la quasi totale mancanza di un sistema di informazioni chiaro e credibile in grado di fornire dettagli affidabili su quanto stava accadendo al fronte. Il Vietnam è stato la prima guerra televisiva, ovvero il primo conflitto in cui gli orrori del fronte sono arrivati fin dentro le case degli americani, molto spesso senza censura. Per molti si è trattato di un risveglio della coscienza, un modo per rendersi conto con i propri occhi di come e quanto le informazioni ufficiali fornite dal Governo non fossero altro che propaganda. Come vedremo tutto questo ha innestato una serie di moventi di protesta che sono sfociati

ben presto in azioni violente da parte dei manifestanti e della polizia.

La Guerra del Vietnam è ancora oggi un tabù perché ha rappresentato quanto di più vicino alla guerra civile e sociale ci sia stato negli ultimi 60 anni di storia degli Stati Uniti. Un momento di svolta ma anche un momento di grande analisi interna, che ha determinato una frattura tra la società civile e il mondo delle istituzioni americane, una frattura che ha cambiato per sempre la società statunitense e, forse, anche tutto il mondo occidentale.

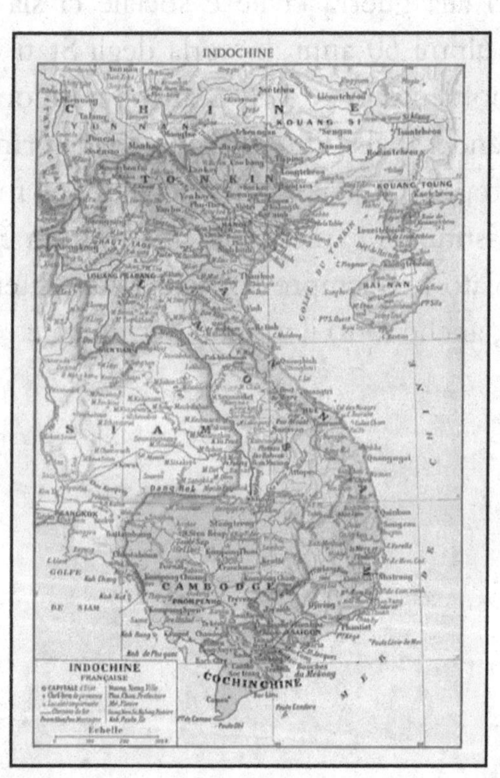

Carta geografica di epoca coloniale
con le varie zone in cui era divisa
l'Indocina Francese

UN POPOLO PRONTO ALLA LOTTA

Esistono popoli in grado di sovvertire ogni pronostico di tipo militare. Quando, intorno al 1.200 d.C., Gengis Khan e le sue orde di mongoli decisero di spostarsi verso occidente, conquistarono senza grandi difficoltà tutti i territori su cui si imbatterono. La potenza militare dei mongoli era tale che anche gli eserciti più organizzati e sofisticati dell'epoca, come quello cinese, non riuscirono ad opporre una valida strategia difensiva e finirono per soccombere. Tutti tranne uno. Infatti, nella sua cavalcata verso occidente, l'esercito del Khan subì un'unica sconfitta, una *débacle* particolarmente umiliante perché subita contro un esercito meno numeroso e sicuramente peggio equipaggiato. Stiamo parlando dello scontro avvenuto a Perwan, a Nord di Kabul nell'odierno Afganistan.

Quella subita in Afganistan resterà l'unica sconfitta che gli annali mongoli ricordino in una altrimenti ininterrotta lista di vittorie schiaccianti. Da allora fino ai giorni nostri l'Afganistan ha dimostrato di essere un terreno ostico, per non dire inespugnabile, per tutte le potenze che nel corso dei secoli hanno tentato di invaderlo, dagli romani agli inglesi, dai sovietici agli americani.

Seppur con le dovute differenze possiamo dire che la storia moderna del Vietnam è molto simile a quella dell'Afganistan. Vediamo insieme perché.

<u>Dall'Indocina francese al Viet Minh</u>

L'inizio di questa storia lo possiamo far risalire alla metà del diciannovesimo secolo, quando la potenza coloniale francese riuscì ad annettere ai propri possedimenti la zona che allora venne ribattezzata Indocina e che corrisponde all'incirca agli odierni Vietnam, Laos e Cambogia. L'annessione completa dei tre territori venne ufficializzata nel 1893 e, fino al termine della Seconda Guerra Mondiale, l'Indocina rimase la più importante colonia francese dopo l'Algeria. Alcuni movimenti di protesta contro la dominazione francese iniziarono a prendere piede fin da subito, ma si trattava per lo più di gruppi sparuti e poco organizzati.

Nel 1941, dopo la fulminea disfatta Francese all'inizio del secondo conflitto mondiale, tutta l'Indocina passò sotto il controllo dei giapponesi. Per contrastare quella che veniva vista come un'usurpazione e una palese limitazione della libertà di autodeterminazione dei popoli dell'allora Indocina si formò la Lega per l'Indipendenza del Vietnam, movimento che ben presto venne chiamato semplicemente Viet Minh (letteralmente "Vietnam nostro"). Il Viet Minh era controllato dal partito comunista indocinese e iniziò fin da subito a combattere in tutti i modi contro l'invasore giapponese. Al movimento per l'indipendenza del Vietnam aderirono ben presto circa 500.000 militanti che per la loro lotta contro l'esercito del Sol Levante ricevettero finanziamenti dalla Cina e dall'unione Sovietica, ma anche dagli Stati Uniti. Gli unici che non diedero nessun appoggio logistico o economico ai ribelli, nonostante avessero profondi interessi geopolitici in Indocina, furono proprio i francesi.

Durante gli anni della Seconda Guerra Mondiale il numero dei militanti all'interno del movimento Viet Minh crebbe a vista d'occhio. Il periodo economico particolarmente difficile (gran parte della produzione di riso della zona venne confiscata dall'esercito giapponese) portò alla morte di migliaia di persone. Fu proprio in quel periodo storico che nacque un forte sentimento di autodeterminazione e di indipendenza che si radicò in ampi strati della popolazione. Si calcola che in quegli anni morirono di fame un numero stimabile tra i 400.000 e i due milioni di vietnamiti. All'indomani della fine del conflitto mondiale la situazione di fece particolarmente tesa e difficile.

Ho Chi Minh e la Repubblica Democratica Indipendente del Vietnam

Alla fine della Seconda Guerra Mondiale, prima di abbandonare i territori occupati, i giapponesi cedettero il controllo di diversi centri di potere Viet Minh, guidati da quel momento in poi dal carismatico Ho Chi Minh. In quella fase convulsa i Viet Minh riuscirono a ottenere dai giapponesi anche molte armi approfittando della clamorosa sconfitta dell'esercito del Sol Levante nella guerra del Pacifico. Il fatto che i giapponesi cedessero i luoghi chiave del potere agli uomini di Ho Chi Minh rese di colpo evidente che ci si trovava di fronte a un movimento un nuovo elemento politico in grado di formare e guidare una nazione indipendente, nuovo soggetto politico che si faceva interprete di rivendicazioni molto precise.

Il 2 settembre 1945 Ho Chi Minh proclamò la nascita della Repubblica Democratica Indipendente del Vietnam parafrasando, in un suo celebre discorso, la stessa costituzione americana che all'epoca era presa come modello di democrazia e uguaglianza. La verità dei fatti, però, era molto diversa. Il nuovo soggetto politico guidato da Ho Chi Minh era una repubblica politicamente inesistente e, soprattutto, dai confini geografici tutt'altro che chiari.

I francesi dal canto loro erano intenzionati a riprendere il controllo di quei territori, riducendoli ancora una volta a semplice colonia satellite sotto il dominio francese.

Nella complessa situazione che si stava creando fece il suo ingresso l'esercito nazionalista cinese (da non confondere con l'esercito della Cina comunista), ufficialmente per agevolare l'espatrio delle truppe giapponesi ancora in territorio indocinese. In questa negoziazione a tre il movimento di Ho Chi Minh accettò di ritornare temporaneamente sotto il dominio francese a patto che venisse a breve formalizzata l'indipendenza del Vietnam che, di fatto, sarebbe dovuto diventare un protettorato francese. Dopo pochi mesi però apparve subito chiaro che il governo di Parigi non aveva nessuna intenzione di fare concessioni sul piano politico né tanto meno di agevolare la transizione verso una forma di indipendenza come richiesto dai Viet Minh. Tutto questo portò ben presto al manifestarsi di un conflitto durissimo che durò oltre 7 anni e che ben presto si estese alla Cambogia e al Laos.

Cartina con la rappresentazione della prima fase del conflitto indocinese.

LA GUERRA D'INDOCINA

Le forze in campo nello scenario indocinese erano fin da subito decisamente squilibrate: da un lato un potente esercito europeo (seppur umiliato solo pochi anni prima dall'esercito nazista), dall'altro un gruppo disorganizzato di contadini male equipaggiati. Le cose però presero ben presto una piega inaspettata. I Viet Minh, infatti, iniziarono a ricevere rifornimenti di armi dalla Repubblica Popolare Cinese. Ben presto quelli che all'inizio erano solo gruppi scoordinati di intervento armato divennero efficienti plotoni di guerriglia, grazie anche ai consigli tattici di circa 600 soldati giapponesi che avevano deciso di rimanere in Indocina per aiutare le popolazioni locali nelle loro lotte.

Nel gennaio del 1950 Unione Sovietica e Cina riconobbero ufficialmente l'esistenza della Repubblica Democratica Indipendente del Vietnam con capitale ad Hanoi (nel Nord del paese), che da quel momento entrò nell'orbita del socialismo reale, per lo meno a livello ufficiale. Questo riconoscimento ufficiale di URSS e Cina va letto come una mossa di politica internazionale, una sorta di segnale lanciato al mondo occidentale agli albori della guerra fredda. Per tutta risposta Stati Uniti e Inghilterra si affrettarono a riconoscere ufficialmente lo Stato del Vietnam (ufficialmente sotto il controllo francese), con capitale Saigon.

Nel frattempo il degenerare della guerra in Corea del 1950[1] portò alla formulazione in ambienti americani della famosa teoria del domino secondo la quale un territorio,

____

[1] Si veda a questo proposito *Corea in guerra, alle radici dell'odio*, Kay Larsson (LA CASE Books, 2013).

per quanto piccolo, periferico e all'apparenza insignificante, se lasciato nelle mani dei comunisti avrebbe inevitabilmente favorito l'espansione del comunismo in tutta quell'area. Secondo questa teoria, formulata per la prima volta sotto la presidenza di Eisenhower, ogni accenno di svolta socialista andava bloccato ed arginato sul nascere, pena la perdita del controllo sull'intera area geopolitica e la conseguente trasformazione di tutte le zone vicine in repubbliche di tipo comunista o socialista. In quest'ottica ogni accenno di apertura nell'area politica della cosiddetta "sinistra". in qualsiasi zona del mondo era vista vista con autentico terrore.

Un'interpretazione di questa dottrina portò negli anni diverse amministrazioni americane ad appoggiare dittature militari o governi fantoccio in diverse zone del mondo, soprattutto in Sudamerica e Africa, al solo scopo di tentare di arginare, per lo meno nelle intenzioni, un'escalation di tipo comunista.

<u>Gli Stati Uniti entrano in gioco</u>

Nel luglio del 1950 la Cina comunista di Mao Tze Tung invia alcuni "consiglieri militari" nel nord[2]. A poche settimane di distanza gli Stati Uniti fanno lo stesso inviando a Saigon alcuni loro uomini. I "consiglieri militari", però, altro non erano che membri dell'esercito e dei servizi segreti inviati sul posto per preparare militarmente le truppe locali. Nel giro di 4 anni gli americani finiscono per inviare oltre 300.000 armi di artiglieria leggera e aiuti economici per circa un miliardo di dollari, arrivando per tanto a sostenere circa l'80% dei costi economici dell'intera guerra francese.

Ma aiuti economici, armi e consiglieri militari non bastano. L'esercito della Cina comunista e quello americano, peraltro, sono entrambi reduci da due grandi successi:

---

[2] Si veda a questo proposito *Mao Tze Tung, l'Imperatore Rosso,* Axel Silverstone (LA CASE Books, 2011).

la rivoluzione cinese da una parte e la Seconda Guerra Mondiale dall'altra.

Sulla carta sono entrambi due ottimi mentori, ma c'è una grande differenza. L'esercito di Mao, reduce dalla famosa "Lunga Marcia" ha imparato a vivere di stenti e a conquistare il successo con azioni mirate di guerriglia in uno stato di all'erta continua. Gli Stati Uniti hanno distrutto, assieme agli alleati, le potenze dell'Asse ma si sono sempre e solo confrontati con eserciti organizzati e potenze industrialmente evolute.

La guerriglia, e soprattutto la guerra in condizioni ambientali estreme, non sono annoverate nei libri di strategia militare americana. Lo intuisce bene il presidente Eisenhower che, provenendo da una brillante carriera militare che lo aveva portato a ricoprire le più alte cariche nelle forze armate americane, non nasconde un certo timore per un intervento diretto in una zona del mondo così inusuale e poco conosciuta dagli esperti di tattica militare a stelle e strisce. Al contrario il suo vicepresidente, il falco Richard Nixon, premeva per un intervento diretto americano già durante il conflitto che vedeva ufficialmente contrapposti francesi e Viet Minh.

La famosa battaglia di Dien Bien Phu del 7 maggio del 1954 decretò la definitiva sconfitta francese e di tutta la politica di supporto occidentale proprio mentre a Ginevra erano in corso una conferenza internazionale per trovare una soluzione politica al conflitto.

Dien Bien Phu
e la Conferenza di Ginevra

Nel campo trincerato di Dien Bien Phu si erano insediati i reparti d'élite del Generale Navarre con l'obiettivo di bloccare il passo verso il Laos alle forze regolari di Giap. Un piccolo aeroporto costituiva il centro del campo fortificato che occupava un'ampia vallata circondate da piccole montagne. L'obiettivo dei francesi era quello di attirare le truppe dei ribelli all'interno della valle per poi distruggerli. I vietnamiti però intuirono la trappola e decisero di accerchiare Dien Bien Phu, isolando di fatto i francesi che in questo modo iniziarono ad avere grossissimi problemi di rifornimenti che potevano arrivare soltanto attraverso un ponte aereo. Dopo un'attesa sfiancante le truppe vietnamite attaccarono finalmente il campo fortificato con un bombardamento intensivo con batterie da 105 mm. I francesi riuscirono a resistere per 54 giorni finché, stremati da un assedio implacabile, furono costretti ad arrendersi il 7 maggio.

Leggiamo come descrive quei momenti Axel Silverstone nel suo saggio dedicato alla Guerra di Indocina:

«[...] Dien Bien Phu continuò a essere abbandonata a se stessa. Durante il giorno, non erano più possibili voli di rifornimento, a causa del preciso tiro contraereo del Viet Minh; così i Dakota e i "trasporti merci aerei" dovettero gettare le munizioni urgentemente necessarie durante la notte. I riflettori degli assediati non servirono solamente a indicare agli aerei il luogo dove avrebbe dovuto essere effettuato il lancio, ma anche i loro obiettivi di volo ai soldati della contraerea di Giap. Quando un carico di rifornimenti cadeva, secondo una mira precisa in un punto del terreno, spesso le fanterie di Giap si trovavano già nelle vicinanze e prendevano sotto il loro fuoco gli uomini che avrebbero dovuto recuperarlo.

Anche dei paracadutisti si lanciarono sulla fortezza, per rinforzare la guarnigione. Tra questi anche unità di fanteria e genieri che non avevano sinora mai usato il paracadute ma, a sorpresa, non ebbero maggiori perdite dei paracadutisti. Si giunse così a una nuova cognizione tattica ancora oggi valida nella condotta della guerra: i paracadutisti non rappresentavano più un arma speciale, il paracadute divenne solamente un altro mezzo di trasporto per tutti.

L'anello dei riflettori, nella valle di Dien Bien Phu divenne sempre più angusto, sempre più piccolo. Il contegno valoroso della guarnigione della fortezza fu degno di ammirazione. Solamente una quarta parte dei soldati era francese. Un terzo di essi era costituito da Vietnamiti, un quarto abbondante di legionari stranieri, tra cui i Tedeschi che, ispirandosi alla canzone "soldatesca" della Germania, avevano dato il nome di "Anne Marie" al loro bastione, e l'altro venti per cento era costituito da africani del nord, in maggior parte marocchini.

Sino al 6 maggio, ovvero un giorno prima della fine del combattimento, vennero calati ancora ben cinque battaglioni di paracadutisti, tra cui uno vietnamita e uno della Legione Straniera, per rafforzare la fortezza. Inoltre 1350 volontari, che "fecero il salto", nel più letterale senso della parola e che vennero destinati a sostituire specialisti caduti, come radiotelegrafisti, tecnici dell'aviazione, dell'artiglieria e così via. Anche tra questi volontari si trovavano molti Vietnamiti: Essi non combattevano   per la potenza coloniale francese, ma erano dell'opinione che, in quel momento, in primo luogo bisognasse combattere il comunismo. Il tempo della potenza coloniale era, comunque, finito. Il 7 maggio 1954, quanto rimaneva della guarnigione della fortezza fu costretto a capitolare, dopo che un bastione dopo l'altro era stato espugnato dalle truppe d'assalto del Viet Minh. I difensori non avevano più munizioni per le loro armi: i feriti giacevano a centinaia nell'infermeria e non venivano curati che per il minimo indispensabile. Da un pezzo nessuno poteva più essere trasportato via in volo.

Da allora, la Battaglia di Dien Bien Phu e la disfatta riportata in quel luogo dai Francesi venne spesso definita come la "Stalingrado del colonialismo", la grande frattura nella lotta dei popoli coloniali contro i "padroni coloniali" europei [...]»[3]

L'eco di quella sconfitta fu tale che a Parigi si aprì una crisi di governo, elemento che destabilizzò le trattative in corso a Ginevra dando forza al fronte di chi a Parigi voleva interrompere il conflitto. Il nuovo governo guidato da Pierre Mendes-France venne formato il 17 giugno con il preciso obiettivo di porre fine alla crisi indocinese e, infatti,

---

[3] Axel Silverstone, Ho Chi Minh e la Guerra d'Indocina, LA CASE Books, 2014.

la conferenza di pace di Ginevra si concluse il 20 luglio del 1954 ratificando la fine delle ostilità e l'indipendenza formale di Vietnam, Laos e Cambogia.

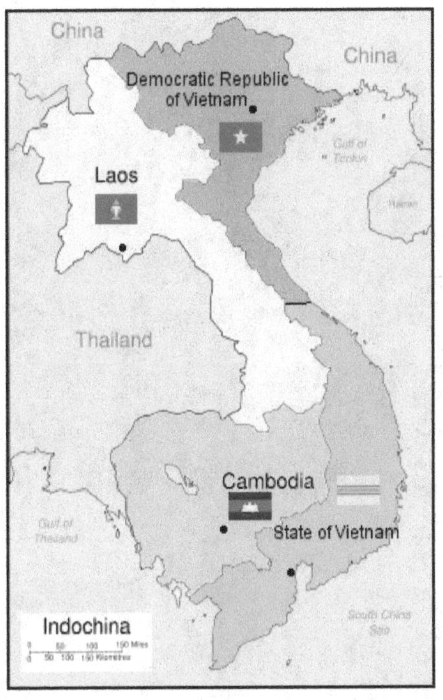

La nuova configurazione politica dell'Indocina francese al termine della conferenza di pace di Ginevra del 1954.

VIETNAM, UNA POLVERIERA

Secondo gli accordi di Ginevra il Vietnam veniva diviso in due zone (il Nord e il sud) delimitate dal 17 parallelo. In questo modo veniva finalmente risolta la Guerra d'Indocina, ma si divideva il Vietnam in due stati, principio molto in voga nel secondo dopoguerra (basti pensare alla Germania o alla Corea) e che, nel corso degli anni, si rivelerà a dir poco disastroso. Ho Chi Minh è il leader del Vietnam del Nord che sceglie Hanoi come capitale, mentre Ngo Dinh Diem, uomo di fiducia degli americani, è il primo ministro del Vietnam del Sud. L'idea iniziale era quella di attendere 300 giorni per poi indire libere elezioni dalle quali sarebbe dovuta uscire, sulla base della volontà popolare, il nuovo assetto politico del Vietnam. Queste elezioni, come avremo modo di vedere, non si terranno mai.

Tra le due zone viene consentito, per lo meno in una fase iniziale, il più ampio libero passaggio di uomini e cose. In quei mesi in Vietnam si assisterà a una vera e propria emigrazione di massa con folle di abitanti del nord, in particolare della minoranza cattolica, che si spostarono verso Sud e, al contrario, simpatizzanti Viet Minh che si andarono a stabilire a nord. Allo stesso tempo gli uomini di Minh iniziano ad infiltrare loro agenti in diverse zone del sud.

Quando apparve chiaro che per la decisa opposizione di Diem le tanto agognante elezioni non si sarebbero di fatto mai tenute, tra i due governi iniziarono i primi scontri. Inizialmente le due entità si confrontarono sul terreno politico delle riforme.

Il Nord estese una serie di riforme agrarie già iniziate qualche anno prima anche al Sud che ridistribuirono il terreno coltivabile, togliendolo dalle mani dei latifondisti per consegnarlo ai lavoratori. Seppur costellate da eccessi, cambi di rotta e da una non trascurabile dose di violenza, queste riforme ebbero comunque l'effetto di creare un grosso consenso popolare attorno a Ho Chi Minh e ai suoi.

Dall'altra parte Diem, circondato da personaggi di dubbia moralità e spesso corrotti, andò nella direzione esattamente opposta eliminando anche quelle riforme agrarie che erano state approvate durante la guerra con la Francia. In questo modo le terre vennero restituite ai latifondisti a cui erano state in precedenza espropriate. Non contento Diem obbligò pure i contadini che avevano avuto l'uso delle terre in quegli anni a pagare anni di arretrati per l'usufrutto dei terreni. Allo stesso modo il primo ministro (e poi presidente) del Sud Diem si distinse per una certa miopia religiosa: in un paese a maggioranza buddista Diem, fervente cattolico, iniziò una campagna contro i monaci buddisti e la cultura che questi rappresentavano. In questo modo ottenne l'effetto di segnare un solco ancora più profondo tra la sua amministrazione e il paese reale.

Gli esperti del Pentagono commettono un errore

Gli Americani dal canto loro continuavano a inviare "consiglieri militari" in numero sempre maggiore, ma ogni sforzo si traduceva sempre in risultati molto al di sotto delle aspettative. Gli esperti del Pentagono avevano varato tutta una serie di specifici programmi di addestramento fatti e pensati per un esercito fatto soprattutto da contadini. Se da un punto di vista demografico il Vietnam era in effetti un paese composto al 90% da contadini, l'errore di fondo commesso dagli americani fu quello di considerare un lavorante di una risaia asiatico al pari di un agricoltore americano. L'idea di fondo degli americani era quella che un contadino sapesse sparare (quasi tutti gli agricoltori e *rancher* americani possedevano e tutt'ora possiedono armi da fuoco) e sapesse usare un trattore. Partendo da queste premesse pertanto sarebbe stato facile, nei piani degli esperti USA, istruirlo all'uso di altri mezzi meccanici come navi e mezzi anfibi.

Arrivati in Vietnam però i consiglieri militari americani dovettero ben presto far i conti con una realtà in cui il contadino medio non aveva mai visto un'arma da fuoco in vita sua e, soprattutto, non aveva mai sentito parlare di un trattore o di nessun altro mezzo meccanico. In poche parole l'intera macchina bellica americana, la più sofisticata al mondo oggi come ieri, era assolutamente inutilizzabile per mancanza di materiale umano da addestrare.

Il presidente Diem nel frattempo non si distingue certo per lucidità o lungimiranza politica. Al contrario il suo governo si caratterizza fin da subito per le violente purghe contro gli avversari politici e i nemici religiosi da una parte, e per la palese politica di nepotismo dall'altra, politica che portò diversi membri della sua famiglia a ricoprire ruoli strategici ed operativi, dall'altra. Esecuzioni sommarie, torture e incarcerazioni facili sono così all'ordine del giorno in quella che a poco a poco si trasforma in una dittatura di tipo sudamericano. Alcune stime parlano di 120.00 esecuzioni solo tra il 1955 e il 1957, anche se è molto difficile trovare dati certi visto che le fonti dell'epoca sono molto scarse e approssimative.

Gli Stati Uniti comunque si rendono conto che Diem non è una personalità in grado di riuscire a trainare il resto del paese verso un modello capitalista. E così anche se garantiscono un supporto formale al regime in pubblico, negli ambienti riservati del Pentagono e della Casa Bianca è ormai chiaro che Diem è stato scelto per l'assoluta mancanza di alternative migliori.

Tra il 1957 ed il 1960 la situazione nel Sud del paese si fa sempre più difficile. Tra il 1955 e il 1963, vale a dire durante gli anni in cui Diem fu al potere, nel Vietnam del Sud si va a votare nel 1955 per il referendum, poi per l'Assemblea Costituente nel 1956, tre anni dopo per le elezioni politiche, per le presidenziali nel '61 e infine ancora nel 1963 di nuovo per le politiche. Nonostante il gran numero di elezioni però il Vietnam del Sud è uno stato democratico soltanto sulla carta con gli esponenti del regime che vengono regolarmente eletti con il 99 o addirittura il 100% dei voti. Una vera farsa.

Le repressioni, anche violente, sono all'ordine del giorno e la tensione tra Nord e Sud comincia a farsi sempre più palpabile. L'8 luglio 1959 nella base aerea di Bien Hoa, durante un attacco Vietcong, vengono uccisi il maggiore Dale Richard Buis e il sergente Chester Melvin Ovnand. Erano due dei primi 700 consiglieri militari inviati in Vietnam del Sud. Si tratta ufficialmente dei primi caduti americani in Vietnam.

<u>Nasce il Fronte di Liberazione Nazionale</u>

Nel 1959 il Vietnam del Nord invade il Laos, mentre il 20 dicembre del 1960 viene ufficialmente fondato il Fronte di Liberazione Nazionale meglio noto come Vietcong, un movimento clandestino di resistenza che opera nel Sud del paese. Il programma dell'organizzazione punta alla creazione di un governo democratico nel Vietnam del Sud capace di rappresentare tutte le parti dell'opposizione a Diem e alle aree filo americane della popolazione sud-vietnamita. I vietcong raccolgono l'eredità degli ormai disciolti Viet Minh e iniziano così una strategia di riunificazione del territorio nazionale. L'organizzazione interna è a compartimenti stagni e le più alte cariche del movimento sono ricoperte da persone la cui identità rimarrà segreta fino alla fine del conflitto.

Va detto che ancora oggi si dibatte sulla purezza ideologica del movimento Vietcong. C'è infatti chi sostiene che questo gruppo si sia formato spontaneamente come conseguenza della politica miope di Diem. Altri invece sono convinti che altro non fosse che una costola del partito comunista del Nord infiltrato nel sud. La questione, seppur interessante da un punto di vista teorico, non ha poi grande rilievo da un punto di vista storiografico visto e considerato che i vietcong cercarono, trovandolo fin da subito, l'appoggio del governo di Hanoi, per tanto divennero parte integrante della politica del nord.

Alla fine degli anni '50 il governo di Hanoi mette a punto i cosiddetti "Camminamenti di Ho Chi Minh", ovvero una serie di sentieri e corsi d'acqua che correvano tra i confini di Vietnam Laos e Cambogia. Nei primi mesi del 1961 i Vietcong riescono a riunire tutte le piccole realtà che si opponevano a Diem e che combattevano la guerriglia in tutto il paese. Nasce ufficialmente l'Esercito Popolare di Liberazione.

Nei successivi tre anni circa 100.000 soldati regolari del Nord vengono infiltrati nel Sud del paese. La situazione per Washington ormai è insostenibile, se si continua a ignorare quello che sta succedendo tra il 17° parallelo il rischio di perdere il Vietnam del Sud è concreto. Ormai è chiaro a tutti che la guerra è inevitabile.

LA SVOLTA

Alle elezioni presidenziali del 1960 John Kennedy riesce a imporsi sul candidato repubblicano Richard Nixon, all'epoca vicepresidente dell'amministrazione uscente. Come abbiamo sottolineato nelle pagine precedenti il presidente Eisenhower aveva intuito il rischio altissimo che un intervento militare diretto in Asia avrebbe provocato per gli Stati Uniti. Nonostante tutto non era riuscito a disinnescare quel meccanismo che stava coinvolgendo sempre di più gli USA in un conflitto geograficamente e, particolare da non sottovalutare, culturalmente lontano, un conflitto dagli esiti molto più incerti di quanto poteva sembrare a un osservatore distratto. Sul versante della politica estera, comunque, l'amministrazione Kennedy ricalca sostanzialmente le strategie di contenimento all'espansione comunista dei presidenti Truman e Eisenhower. Sul tavolo del presidente Kennedy però i problemi di carattere internazionale esplodono come mai prima nei ultimi 20 anni, primo tra tutti la gestione dei rapporti con la Cuba comunista di Fidel Castro:

«Il 13 aprile 1961 circa 1.400 mercenari ed esuli cubani addestrati e armati dagli Stati Uniti partono dal Nicaragua alla volta di Cuba. [...] Il 17 aprile il manipolo di anticastristi sbarca nei pressi della Baia dei Porci a Sud dell'Avana. Subito intercettati dalle forze cubane gli anticastristi iniziano a sparare. Nel frattempo i caccia cubani si sono levati in volo e sono arrivati sul luogo dello sbarco affondando le navi nemiche. Dagli Stati Uniti manca completamente il supporto aereo e questo, come del resto era facile immaginarsi in quelle circostanze, decreta il fallimento totale dell'impresa. Il giorno successivo, il 18 aprile, lo stesso leader sovietico Krusciov ammonisce chiaramente gli Stati Uniti minacciando un intervento immediato qualora gli americani avessero preso parte attivamente al tentativo di rovesciamento del governo castrista. Gli americani inviano allora alcune navi, dei sommergibili e alcuni aerei per proteggere la ritirata degli anticastristi, ma ormai non c'è più nulla da fare: praticamente tutti i membri del gruppo d'assalto vengono catturati e [...]»[4]

L'umiliazione della Baia dei Porci, la costruzione del muro di Berlino e la crisi missilistica a Cuba mettono in evidenza, per una larga parte dell'opinione pubblica americana, alcune fragilità e, forse, una certa carenza decisionale del presidente Kennedy. In queste condizioni e con la sua popolarità in forte calo il presidente non può permettersi nessun altro passo falso o ammissione di debolezza.

---

[4] Richard J. Samuelson, *Fidel Castro e la Rivoluzione Cubana*, LA CASE Books, 2013.

Kennedy cede

E così nel 1963 il numero dei "consiglieri militari" americani sale ulteriormente arrivando a quota 16.000 unità:

«Il Vietnam è senza dubbio uno dei fronti più importanti della politica estera kennediana. [...] A seguito di continue minacce all'indipendenza dello stato meridionale, Kennedy decide d'incrementare il numero di militari facendoli passare da poche centinaia fino a 16.000, numero raggiunto al momento della morte del presidente americano»[5].

Il *Military Assistance Command Vietnam* sotto il comando del generale Paul Harkins comprendeva per la maggior parte reduci della guerra di Corea, uomini della CIA e membri dei corpi speciali. I consiglieri della CIA e del Pentagono, infatti, sono convinti di poter fermare i Vietcong con una serie di operazioni

---

[5] Wiki Brigades, *JFK. Omicidio Kennedy: un caso mai risolto*, LA CASE Books, 2013.

di contro-guerriglia. Impostano così la loro strategia su classiche operazioni militari che sono integrate anche con una pesante guerra psicologica.

A questo proposito ci piace citare Tiziano Terzani, storico inviato di guerra ad Hanoi che ha raccontato nel libro Pelle di leopardo la sua esperienza durante il conflitto vietnamita:

«[…] Dieci anni fa i primi americani venuti qui a spezzare le reni di un movimento rivoluzionario che aveva già sconfitto i francesi erano sbarcati in Vietnam con corone di fiori al collo; oggi se ne sono andati anche loro sconfitti, fotografati da un ufficiale Vietcong che a uno a uno li contava mentre salivano sull'ultimo aereo. Erano venuti per difendere "la democrazia" e si lasciano dietro una dittatura che imprigiona e tortura i suoi oppositori; erano venuti a ricacciare i comunisti a Nord del 17° parallelo e li lasciano invece a pochi chilometri dalla stessa Saigon. Erano venuti a proteggere un paese che hanno, invece, finito per distruggere;

erano venuti per difendere gli altri e sono finiti a difendere esclusivamente la loro ritirata.

La loro, qui, voleva essere la guerra del *Quiet American*, la guerra sofisticata della *counter-insurgency*, intesa a conquistare i cuori e le menti della gente, la guerra invisibile; sono finiti, invece, a combattere la stessa "guerra sporca" dei francesi. Invece delle forze speciali hanno dovuto lentamente impiegare l'esercito regolare; invece degli agenti, preparati nelle migliori università, hanno dovuto impiegare i B-52 [...]»[6].

Kennedy è convinto che la strada militare sia quella giusta e, molto probabilmente, questa fu la più grande occasione persa con la Storia da quello che resta uno dei presidenti più iconici della storia americana. In un momento storico in cui era ancora possibile evitare il peggio e uscire di scena, l'amministrazione Kennedy decise invece di alzare ancora il livello della tensione assecondando i venti di guerra.

---

[6] Tiziano Terzani, Pelle di leopardo, TEA, 2014.

Durante una sua intervista al cronista James Reston, Kennedy confesserà:

«Oggi come oggi abbiamo il problema di rendere credibile il nostro potere e il Vietnam sembra proprio il posto giusto per farlo»[7].

Nel frattempo l'esercito del Vietnam sud, tenuto in piedi dagli americani, colleziona le prime sonore sconfitte sul campo di battaglia contro i meno numerosi ma più agguerriti Vietcong, come nella famosa battaglia di Ap Bac del 2 gennaio 1963.

---

[7] James Reston, *Deadline: A Memoir*, Random House, 1991.

Il governo Diem al capolinea

L'amministrazione americana a questo punto si rende conto che Diem non è l'uomo giusto. La sua politica intransigente e filo cattolica non ha dato i risultati sperati, anzi. Il Vietnam del Sud è un paese allo sbando senza un esercito degno di questo nome e pronto a capitolare da un momento all'altro.

Il 21 agosto 1963 le milizie del Sud si scagliano contro diversi insediamenti buddisti nelle zone vicine al confine tra i due stati radendo al suolo molti templi e massacrando decine di monaci. La frattura tra l'amministrazione rappresentata da Diem ed il paese reale è ormai insanabile. L'amministrazione americana, già da tempo in contatto con alcuni generali dell'esercito pronti ad un colpo di stato, decide che è ormai arrivato il momento di sostituire Diem. È in questo frangente che il concetto di "stato fantoccio" si manifesta nella sua maniera più cruda. Il dittatore di turno non piace a chi paga i conti e così viene sostituito. Un'abitudine che, del resto, sarà la norma praticamente per tutto il Novecento, con i Governi occidentali e l'Unione Sovietica che a lungo faranno il bello e il cattivo tempo, con risultati spesso a dir poco drammatici.

Il telegramma che Henry Cabot Lodge, l'ambasciatore americano in Vietnam, invia a Washington il 29 agosto è decisamente esplicito:

«Siamo lanciati su una strada dalla quale non possiamo tornare indietro in modo rispettabile: l'abbattimento del governo di Diem. Non c'è modo di tornare indietro perché il prestigio americano è già pubblicamente impegnato in ampia misura nel raggiungimento di questo fine e lo sarà tanto di più quanto più i fatti verranno alla luce. In un senso ancora più importante, non c'è modo di tornare indietro poiché, dal mio punto di vista, è impossibile che la guerra venga vinta sotto un'amministrazione come quella di Diem»[8].

---

[8] Stanley Karnow, *Vietnam: A History*, Penguin Books, 1997.

Il 2 novembre del 1963 Diem e suo fratello vengono destituiti e giustiziati. La situazione politica però è ancora ben lontana dall'essere sotto controllo. Il periodo di instabilità continua a lungo, con diversi generali che si avvicendano al commando del Paese, permetta agli uomini di Ho Chi Minh di infiltrare un numero sempre crescente di soldati al sud.

Dal canto loro Kennedy e il suo staff sono convinti di riuscire a portare la situazione sotto controllo in pochi mesi e di arginare il fenomeno Vietcong con una certa facilità. Per quanto possa sembrare incredibile in questa fase in molti a Washington pensano che per l'esercito statunitense non sarà necessario entrare direttamente nel conflitto. E così alla fine del '63 Kennedy avvia un primo programma di *disengagement* richiamando in patria 1.000 soldati inviati in Vietnam solo pochi mesi prima.

LYNDON JOHNSON E L'ESCALATION MILITARE

Poche ore dopo l'assassinio di Kennedy è il suo vicepresidente Lyndon Johnson a prendere in mano le redini del paese. Nell'agenda di Johnson il Vietnam non è tra le priorità, anzi. Nelle intenzioni del nuovo presidente, infatti, i programmi di riforma interna erano l'imperativo del momento. Purtroppo per lui però la situazione del sud-est asiatico era ormai fuori controllo. Johnson alzò ulteriormente il livello del coinvolgimento statunitense già il 27 luglio 1964, quando altri

5.000 consiglieri militari vennero inviati nel Vietnam del Sud, il che portò il numero totale di forze statunitensi in Vietnam a 21.000. Come prevedibile in una situazione di questo tipo, con due eserciti regolari che si fronteggiavano tra Nord e Sud e gli americani che stazionavano in quell'area in numero sempre crescente, ben presto arrivò la scintilla che accese le polveri del conflitto.

L'incidente del Golfo del Tonchino

Il 31 luglio 1964 alcune unità navali statunitensi, ovvero il cacciatorpediniere USS Maddox e la portaerei USS Ticonderoga, furono coinvolte in un primo scontro con un torpediniere nord-vietnamita. Si trattava di navi impegnate in operazioni di spionaggio nel Golfo del Tonchino, violando dunque le acque territoriali del Vietnam del Nord. Ben coscienti del rischio di queste missioni che andavano contro le leggi internazionali in maniera palese, i dirigenti statunitensi autorizzarono una seconda missione in acque Nord vietnamite da parte del Maddox, ora affiancato anche dal USS C. Turner Joy. Il 4 agosto ebbe quindi inizio il nuovo pattugliamento, finalizzato a intercettare con dispositivi elettronici le comunicazioni Nord vietnamite.

Apparentemente il cacciatorpediniere C. Turner Joy ritenne, sulla base di confusi segnali radar percepiti durante una notte di maltempo, di essere di nuovo sotto attacco nordvietnamita. Di conseguenza diede il via a un caotico scontro a fuoco delle navi statunitensi contro bersagli forse inesistenti. Tanto bastò per far approvare dal congresso americano un emendamento che, seppur non dichiarando ufficialmente guerra a nessuno stato sovrano, autorizzava il presidente Johnson a prendere qualunque iniziativa egli considerasse idonea alla salvaguardia degli interessi americani in quella zona. Il presidente americano del resto era ormai deciso a pianificare un massiccio intervento militare nel Sud est asiatico con l'obiettivo di rendere del tutto inoffensivo il Vietnam del Nord.

Segreto svelato

Alcuni documenti resi pubblici nel 2005 e non più coperti da segreto militare hanno fatto luce sull'episodio del 4 agosto. A quanto pare in realtà non vi fu nessun attacco da parte dell'esercito del nord. L'intero episodio venne creato a tavolino per assicurarsi l'appoggio popolare per dare il via alle ostilità. Si stima che nel 1964 circa il 50% degli americani non avesse mai sentito parlare del Vietnam. Gli esperi militari del Pentagono del resto erano ancora convinti che si sarebbe trattato di un conflitto tutto sommato semplice. La disparità tecnica ed economica tra i due contendenti era impressionante, al punto tale che alcuni generali ripetavano che tutto sarebbe finito in 8 settimane. Ma, precisamente, che tipo di guerra è quella che gli americani si apprestano a combattere?

<u>Una guerra senza fronte</u>

Quella che abbiamo posto nel paragrafo precedente sembra una domanda sciocca, ma vi posso assicurare che non lo è affatto. In primo luogo va determinato il ruolo degli americani in questo conflitto. A questo proposito dobbiamo ricordare che all'epoca non esistevano le cosiddette missioni di pace, tutti gli eserciti del mondo ricevevano un addestramento esclusivamente di tipo offensivo. Nel caso specifico della guerra del Vietnam poi il nemico era rappresentato sicuramente dall'esercito regolare del Nord, ma anche dai guerriglieri Vietcong che si nascondevano nei territori del Sud. Allo stesso tempo la popolazione del Sud, che in teoria gli americani andavano a difendere, molto spesso fiancheggiava (volontariamente o perché minacciata) l'attività dei Vietcong, al punto tale che per i soldati americani era difficile distinguere tra amici e nemici. Ma c'era un altro aspetto che rendeva questo conflitto ancora più insidioso.

A differenza di ogni altra guerra combattuta in epoca moderna quella del Vietnam è stata una guerra senza fronte. Quando ci si scontra con un nemico sfuggente e privo del controllo di un determinato territorio ben delineato, risulta difficile se non impossibile applicare le strategie belliche normali. Per fare un esempio, quando gli alleati erano sbarcati in Normandia avevano un piano chiaro che pretendeva l'arrivo a Berlino e la sconfitta dei nazisti. In quest'ottica misurando l'avanzamento all'interno del territorio nemico era facile misurare anche i progressi compiuti fino a quel momento.

In Vietnam questo ragionamento non era applicabile. Per questo motivo il comando americano decise di applicare la strategia *search and destroy,* secondo la quale gli obiettivi non dovevano più essere calcolati in base all'avanzamento delle truppe o ai territori conquistati, ma era necessario puntare all'uccisione del maggior numero di soldati nemici possibile. L'opinione pubblica e la maggior parte dei soldati però non riuscivano a comprendere questa strategia, abituati come abbiamo visto alle logiche della Seconda Guerra Mondiale.

Da un punto di vista strategico, dunque, attaccare e stanare il più alto numero di nemici possibile poteva essere giustificato in un'ottica globale, ma da un punto di vista dell'opinione pubblica e del morale truppe questa strategia si rivelò un flop colossale perché non adeguatamente spiegata e condivisa. I Vietcong del resto non avevano una capitale o una roccaforte da difendere. Si muovevano lungo sentieri e camminamenti sotterranei, oppure all'interno delle foreste. Anche se individuati e stanati si spostavano in un'altra zona e costringevano l'esercito americano all'ennesimo spostamento di fronte, senza aver mai la sensazione di aver ottenuto alcun risultato concreto. Questa situazione portò al paradosso di una guerra in cui praticante ogni battaglia combattuta sul campo tra esercito del Nord e Vietcong venne vinta dagli americani, ma alla fine sono stati i Vietcong a vincere la guerra.

Anche se è molto facile sostenere certe affermazioni a posteriori, gli errori strategici degli americani sono stati tantissimi. Il più macroscopico è stato senza dubbio quello di voler cercare di risolvere un problema politico (l'eventuale trasformazione dell'intera area indocinese in una zona amministrata da paesi comunisti) con un approccio di tipo militare. Nelle prime settimane di guerra l'idea di base degli americani era piuttosto semplice e diretta, e prevedeva l'uso di bombardamenti massicci nel Vietnam del Nord per fiaccarne la resistenza e distruggere le infrastrutture industriali del nemico. Gli analisti militari a stelle e strisce però non avevano tenuto conto di un piccolo dettaglio.

La situazione economico-sociale del Vietnam di quegli anni era di poco più evoluta di quella di una società medievale. Tolte rare eccezioni le costruzioni erano quasi tutte di legno e bambù e non esisteva nessuna industria degna di questo nome. In sostanza per anni i bombardieri americani hanno scaricato tonnellate di bombe su costruzioni ed insediamenti che nell'arco di 24 ore venivano ricostruiti, senza per tanto debilitare o rallentare il potere offensivo del nemico. Leggiamo a questo proposito la testimonianza di un ufficiale del *Military Assistance Command Vietnam:*

«Non c'è un solo ponte in Vietnam del Nord che sia rimasto in piedi. Non c'è una sola fabbrica, una centrale elettrica, una caserma che non abbiamo colpito. Abbiamo distrutto tutto. I nostri piloti in missione sul Nord sono ormai ridotti a dare la caccia ai bersagli di occasione: un camion, una barca, qualcosa che si muove verso Sud presumibilmente con dei rifornimenti»[9].

Torniamo al paragone con la Seconda Guerra Mondiale: l'esercito nazista era una fenomenale e mortale macchina da guerra supportata dalle grandi industrie tedesche. Bombardare una ferrovia o un impianto per la produzione dell'acciaio aveva quindi un ben determinato effetto tattico e strategico. Ricostruire un tratto ferroviario comportava dei costi e dei tempi notevoli, anche per una nazione evoluta e finanziariamente solida.

---

[9] Stanley Karnow, op. cit.

Nel caso del Vietnam invece bombardare un sentiero di terra battuta significava semplicemente che il giorno dopo ne sarebbe stato predisposto un altro a poche decine di metri di distanza. Dopo mesi di bombardamenti ininterrotti apparve evidente che quella non era la strada che avrebbe portato alla vittoria.

Sbarcano i Marines

L'8 marzo del 1965 viene inviato sul posto il primo contingente di Marines. Si tratta di una svolta importante dato che fino a quel momento non erano stati impiegati reparti di terra americani nel conflitto. L'utilizzo di militari di terra è sempre una mossa molto delicata per ogni amministrazione, dato che espone la macchina bellica a un potenziale di rischio di vite umane sempre crescente, per non parlare poi delle relative polemiche sul fronte del consenso interno. Se, infatti, per la contraerea del Nord era molto difficile abbattere un aereo americano, le cose cambiavano drasticamente quando il terreno dello scontro diventava la giungla o il delta del Mekong.

Ben presto l'idea delle amministrazioni precedenti (Eisenhower e Kennedy) di lasciar gestire la guerra all'esercito del Vietnam del Sud (appositamente preparato e finanziato) venne abbandonata a favore di una politica di coinvolgimento diretto delle truppe USA in ogni fase del conflitto. Sul versante della politica interna il Sud del Paese rimaneva essenzialmente un'entità ingovernabile e priva di alcuna leadership credibile. Gli americani fecero arrivare milioni di dollari a Saigon per sviluppare l'economia e le infrastrutture, ma molti di questi soldi si dispersero in un sistema di corruzione e nepotismo da quale il Vietnam del Sud sembrava incapace di uscire.

Al primo contingente di 3.500 Marines giunti in Vietnam nel dicembre del '65 viene assegnato un ruolo difensivo. Verso la fine dell'anno si contano già circa 200.000 unità di Marines in territorio indocinese.

Come abbiamo già ricordato l'esercito americano dell'epoca era un'organizzazione prettamente offensiva. A nessun livello vi era una preparazione di tipo difensivo, per tanto fu pressoché impossibile per le truppe adattarsi a questo nuovo ruolo. In pratica tutti agirono seguendo i protocolli di ingaggio che conoscevano, del resto non avrebbero potuto fare altrimenti. Il risultato di questa situazione fu un'immediata impennata del conflitto e una enorme recrudescenza della violenza che arrivò presto a livelli mai visti in precedenza.

Accantonata la fase difensiva, infatti, i vertici delle forze armate americane decisero di passare ben presto sul più congeniale e meglio conosciuto terreno della guerra offensiva. Erano sicuri che la guerra si sarebbe conclusa da lì a poco con una schiacciante vittoria, convinzione che inizialmente era molto diffusa anche tra i soldati. Furono proprio i soldati, però, i primi a cambiare idea, come testimonia il luogotenente di marina Philip Caputo:

«In quell'umido pomeriggio di marzo, mentre marciavamo tra i campi di riso, portavamo con noi, oltre agli zaini e ai fucili, anche l'intima convinzione che il Vietcong sarebbe stato rapidamente sconfitto. Ci tenemmo gli zaini e i fucili; quella convinzione svanì»[10].

Sulla base di una valutazione delle forze in campo il generale William Westmoreland, il comandante delle operazioni militari in Indocina, si dici sicuro di riuscire a chiudere la pratica Vietnam entro e non oltre la fine del 1967. A livello ufficiale però il cambio di rotta nella gestione del conflitto non viene comunicato all'opinione pubblica, per tanto "ufficialmente" la presenza militare americana in Vietnam resta puramente difensiva. Per i cittadini americani i soldati dello Zio Sam si trovano in Indocina solto per svolgere azioni di supporto alle truppe dell'esercito Sud vietnamita.

---

[10] Philip Caputo, *A Rumor od War*, Bodley Head, 2017.

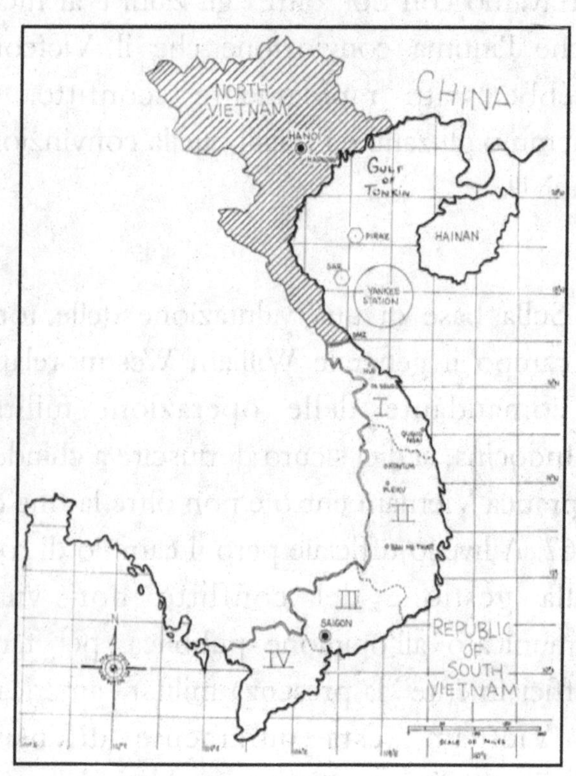

Carta geografica del Vietnam
con le posizioni approssimative delle navi
statunitensi durante il celebre incidente
del Golfo del Tonchino,

PUNTO DI NON RITORNO

Nonostante la politica di tenere un basso profilo nei confronti dell'opinione pubblica, gli americani iniziano a rendersi conto che c'è qualcosa che non quadra. All'interno del Paese, infatti, iniziano ben presto le campagne di coscrizione di massa per reclutare soldati da inviare in Vietnam. Questo sarà un fattore decisivo, insieme alle immagini mostrate dalla televisione e dai giornali, per alimentare il fronte pacifista nel Paese. All'inizio sono pochi a sapere bene di cosa si tratti e molti giovani, sull'onda del patriottismo, finiscono per offrirsi volontari. Molti ragazzi, figli della generazione che aveva sconfitto la minaccia nazista durante la Seconda Guerra Mondiale, vogliono emulare i genitori e fare qualcosa di concreto per il loro paese. Ma, come abbiamo già ricordato, le risaie e la giungla indocinese non sono affatto l'Europa di vent'anni prima.

Ma leggiamo come il medico militare Ronald J. Gassler racconta quei momenti così drammatici e disperati:

«Si mossero in fila indiana, nel calore insopportabile, masticando le tavolette di sali, proprio come il giorno prima, e osservando attentamente il paesaggio abbagliante. Poco dopo le dieci, stavano per oltrepassare una siepe di recinzione, quando un soldato inciampò in un filo che fece scattare una lama a doppio taglio alle sue spalle.

Vennero falciati altri tre soldati, due dei quali morirono sul colpo, mentre il terzo morì poco dopo. I sopravvissuti rimasero accanto ai cadaveri finché arrivò l'elicottero a portar via le vittime, poi ripresero la marcia»[11].

Una statistica elaborata alla fine del conflitto in Vietnam è sicuramente più chiara e convincente di tante spiegazioni. È stato calcolato che durante il servizio militare attivo nel periodo della Seconda Guerra Mondiale, in Europa o nel Pacifico, un soldato americano venisse coinvolto in scontri a fuoco mediamente dieci giorni nell'arco di un anno. In Vietnam si stima che questo numero sia salito a 240 giorni. In buona sostanza, tolti i periodi nelle retrovie o le degenze in ospedale, un soldato americano in Vietnam era coinvolto in azioni militari violente praticamente ogni giorno.

Ecco la testimonianza di William Ehrhart, un ex marine che combatté in Vietnam:

«Da qualsiasi parte ti voltassi potevi essere colpito in mezzo al petto: il nemico spariva e finiva che scaricavi le frustrazioni sui civili.

---

[11] Ronald J. Gassler, 356 days, Brazilier, 1971.

Per il modo in cui operavamo qualsiasi vietnamita che fosse visto fuggire dagli americani era un sospetto vietcong ed eravamo autorizzati a sparargli. Era una regola normale. Un giorno sparai a una donna in un campo di riso perché stava correndo, stava soltanto correndo via dagli americani. La uccisi. Aveva cinquanta o sessant'anni, non aveva armi con sé, ma allora io non ci pensai due volte»[12].

Inoltre l'età media del soldato americano impiegato in Vietnam era di 19 anni, la generazione precedente che aveva combattuto nella Seconda Guerra Mondiale aveva un'età media di 26 anni. C'è un altro particolare spesso sottovalutato che rese quel conflitto diverso da tutti gli altri: le reclute dovevano prestare servizio in Vietnam per dodici mesi e, di conseguenza, la loro unica preoccupazione era quella di restare vivi

---

[12] William D. Ehrhart, *Ordinary Lives: Platoon 1005 and the Vietnam War*, Philadelphia: Temple University Press, 1999.

per almeno un anno, come ricorda William Ehrhart:

«Dopo i primi mesi tutto cominciava a sembrare pazzesco, ma nessuno aveva il coraggio di fare considerazioni che avrebbero potuto portare a conclusioni terribili. Non mi capitò mai di gettare il fucile e scappare. Si sviluppava una mentalità di sopravvivenza: smettevi di pensare a cosa facevi e contavi i giorni. Si andava avanti così»[13].

Ecco un'altra testimonianza che fa capire lo stato d'animo dei soldati in Vietnam:

«[…] Corrono da tutte le parti, nelle fogne, dentro a tunnel sotterranei. Possono essere ovunque. Si spera solo di scamparla, da un giorno all'altro. Ognuno desidera soltanto ritornare a casa e andare a scuola. È tutto»[14].

---

[13] William D. Ehrhart, op. cit.

[14] Bill Couturié, *Dear America: Letters Home From Vietnam*, Documentario, 1987.

<u>**Appello alla NATO**</u>

Gli americani lanciano un appello agli alleati della Nato perché mandino truppe per sostenere l'azione militare statunitense in Vietnam. Rispondono all'appello Australia, Tailandia, Corea del Sud, Filippine, Francia, Nuova Zelanda e Pakistan, alleanza che era nata in realtà nel 1954 con il nome di SEATO e che era stata formalizzata con il trattato di Manila. Canada e Regno Unito decidono invece di non procedere in quella che agli occhi di molti analisti militari sembra già una campagna disperata e dalle scarsissime probabilità di successo.

Il generale Westmoreland e i suoi collaboratori restano convinti che il conflitto si sarebbe concluso favorevolmente ne giro di pochi mesi. Parte di questa sicurezza deriva dal fatto che, a parte sporadiche azioni di guerriglia, i miliziani Vietcong non erano stati in grado di portare a termine nessuna operazioni militare offensiva degna di questo nome. Per Westmoreland è solo una questione di tempo prima che il potenziale bellico americano riesca a fiaccare definitivamente il nemico, un'azione intensa sul territorio non può che portare all'eliminazione degli ultimi focolai si resistenza. Queste convinzioni sono destinate a franare miseramente sotto il peso degli eventi conosciuti come "l'offensiva del Tet".

L'offensiva del Tet

Il 31 gennaio 1968, nel bel mezzo dei festeggiamenti per il nuovo anno lunare, i Vietcong e l'esercito regolare del Nord rompono la tradizionale tregua e mettono a segno un formidabile attacco coordinato in diverse città e centri urbani ai danni dell'esercito del Sud e di quello americano. Viene bombardato anche il quartier generale americano a Saigon dove si trova lo stesso Westmoreland e l'ambasciata statunitense. Anche se in poche poche ore gli americani sono riusciti a riprendere il controllo di quasi tutti i territori presi di mira dai Vietcong, questo episodio segna un punto di non ritorno nel conflitto. Se prima era possibile ipotizzare che l'esercito del Nord e i Vietcong fossero un nemico disorganizzato e incapace di mettere in atto un'offensiva militare diretta, da questo momento non è più possibile sottovalutare la loro organizzazione e la loro determinazione. Per la prima volta all'interno dell'amministrazione americana si diffonde il timore di trovarsi in un pantano dal quale non sarà facile uscire come invece era stato preventivato all'inizio. Non era mai successo prima che i Vietcong riuscissero a penetrare all'interno della città di Hue, l'ex capitale imperiale del Vietnam.

Gli scontri che seguono nelle settimane successive sono violentissimi. Nel frattempo i soldati dell'esercito vietnamita hanno messo sotto attacco l'aeroporto di Tan Son Nhut a Saigon, ma anche il palazzo presidenziale e, addirittura, l'ambasciata degli Stati Uniti. Ecco come descrive quei momenti Stanley Karnov, storico inviato di guerra in Vietnam:

«[...] I comunisti lanciarono il colpo più duro contro l'area di Saigon, impiegando quarantamila uomini, la maggior parte dei quali erano organizzati in piccole squadre. Il loro obiettivo chiave era l'ambasciata americana, situata nel cuore della gigantesca metropoli, che venne assaltata al buio, la mattina del 31 gennaio… L'impresa sbalordì l'opinione pubblica e mondiale.

L'ambasciata americana, un brutto edificio di cemento protetto da robuste opere di muratura, era un pugno nell'occhio, nel mezzo di graziosi palazzi color pastello risalenti al passato coloniale francese.

Ritornato a Saigon nel 1981, constatai che quel complesso era stato rilevato dalle società statali vietnamite per le esplorazioni petrolifere; l'impresa evidentemente non aveva avuto corso, perché le porte d'ingresso erano ermeticamente chiuse. Ma durante la guerra, con la bandiera a stelle e strisce che sventolava sui suoi bastioni, quella fortezza rappresentava l'incrollabile presenza americana in Vietnam [...]»[15].

---

[15] Stanley Karnow, op. cit.

Per quanto riguarda l'offensiva del Tet va chiarito un equivoco abbastanza comune: le battaglie e gli attacchi di quei giorni non furono assolutamente decisivi, anche perché la popolazione sud-vietnamita non si unì ai Vietcong dando vita a un'insurrezione come speravano i Nord vietnamiti. Ad avere un valore enorme è il significato simbolico dell'offensiva del Tet: per la CIA e per tutta l'intelligence americana l'imbarazzo è altissimo. I massimi esperti del Pentagono non erano infatti riusciti minimamente a prevedere un attacco del genere e, anzi, avevano clamorosamente sottostimato la potenza di fuoco nemica. A questo punto la risposta degli Stati Uniti non può che essere una sola: l'aumento del potenziale bellico stanziato in Vietnam.

L'opinione pubblica americana scopre la guerra del Vietnam

Anche se oggi è comunemente conosciuta come "Guerra del Vietnam" il conflitto tra gli Stati Uniti e le truppe Nord vietnamite di fatto non venne mai chiamato ufficialmente in questo modo per un motivo molto semplice: il Governo statunitense non dichiarò mai ufficialmente guerra al Vietnam del Nord.

Da un punto di vista formale, dunque, nella stampa e nei documenti dell'epoca si parlò sempre di "impegno militare nel Sud Est Asiatico", "manovre militari di supporto al Vietnam del Sud", "truppe dislocate in Vietnam in operazioni di controllo", "aggressione delle forze comuniste del Vietnam del Nord". Tutti eufemismi che nascondevano di fatto la realtà della situazione, al punto che la maggior parte degli americani addirittura ignoravano che fosse in corso una vera e propria guerra.

Quando la notizia dell'offensiva del Tet (che costò la vita a ben 4.100 militari a stelle e strisce) si diffuse in America il supporto popolare alla guerra scese dal 48% al 36% e, improvvisamente, esplose in tutto il Paese la consapevolezza che si stava combattendo una non meglio precisata guerra a migliaia di chilometri di distanza per confuse e oscure motivazione geopolitiche.

In una situazione in cui a livello di propaganda la guerra era ad un passo dall'essere conclusa in maniera vittoriosa, questo episodio segnò la prima drammatica frattura tra l'opinione pubblica americana e l'amministrazione Johnson. Lo stesso presidente, sull'onda di un consenso in rapido declino, decise di non ripresentarsi alle successive elezioni e Westmoreland venne sostituito dal generale Creighton Abrams, anche se ufficialmente Westmoreland venne promosso a un ruolo apparentemente più prestigioso. Del resto, come hanno insegnato gli antichi romani, *promoveatur ut amoveatur…*

Intanto il 10 maggio del 1968 si aprono i primi negoziati di pace tra americani e i rappresentanti del Vietnam del Nord a Parigi, ma le pozioni tra le parti sono ancora molto lontane, tanto che non si riesce ad arrivare ad un accordo.

Con la decisione di Lyndon Johnson di non candidarsi alla presidenza arriva anche il momento di fare dei bilanci: la gestione del conflitto sotto la sua amministrazione è costata la vita a 30.000 soldati americani. Il rifiuto di Johnson, nell'ultima parte del suo mandato, di inviare nuove truppe, viene letto dalla maggior parte della stampa americana come una tacita ammissione di sconfitta.

Nel frattempo gli americani eleggono un nuovo presidente, Richard Nixon, che mette subito in chiaro le cose:

«Non sarò il primo presidente degli Stati Uniti che perde una guerra»[16].

---

[16] *«I'm not going to be the first American president to lose a war»*, Richard Nixon, Ottobre 1969.

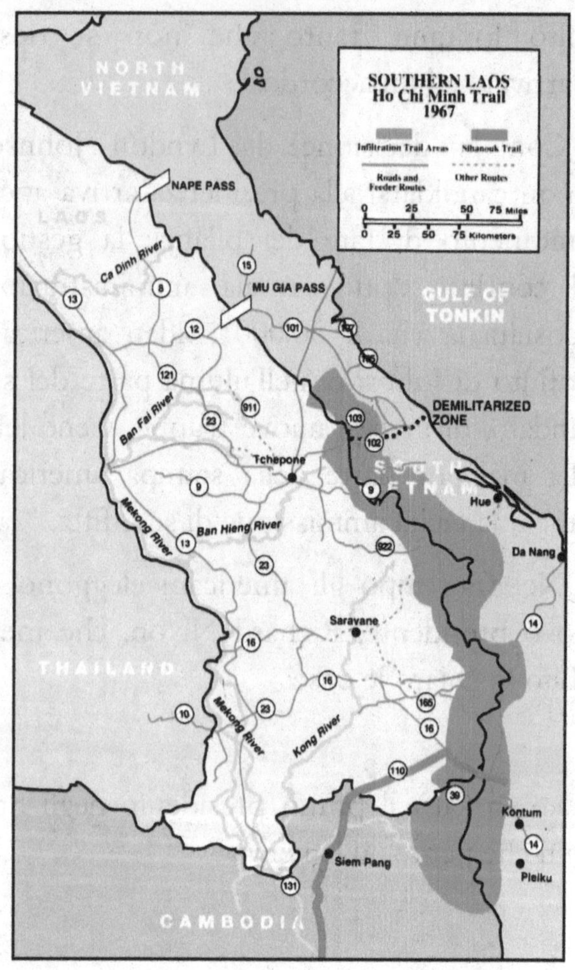

Il celebre "Sentiero di Ho Chi Minh"
che passava attraverso la Cambogia
e il Laos del sud.

VIETNAMIZZAZIONE

Le tremende perdite in termini di vite umane inflitte al nemico durante l'offensiva del Tet, si parla ci circa 11.000 morti, spinsero il nuovo presidente statunitense a elaborare quella che passerà alla storia come la dottrina Nixon, ovvero quella che verrà poi conosciuta con il termine "vietnamizzazione."

L'idea era semplice e niente affatto nuova: partendo dal presupposto che, numeri alla mano, i militanti Vietcong e i soldati regolari del Nord dovevano essere ormai ridotti a poche migliaia Nixon iniziò un primo programma di disarmo in Vietnam. Allo stesso tempo i militari americani avrebbero dovuto insistere ancora una volta nella formazione e nell'addestramento dei militari del Sud. L'obiettivo era quello di abbandonare il prima possibile il territorio indocinese, lasciando un esercito locale preparato e militarmente equipaggiato in grado di gestire la situazione e chiudere la partita.

Per quanto meno aggressiva, per lo meno sulla carta, la strategia di Nixon non convinse l'opinione pubblica americana che ormai si divideva tra i pochi sostenitori del conflitto e i moltissimi manifestanti che ogni giorno sfilavano in diverse città per protestare contro un conflitto inutile e che, soprattutto, stava costando troppo in termini di vite umane, senza tener conto pi delle enormi risorse finanziarie assorbite dal Vietnam. Si stima che nella primavera del 1969 un americano su due conoscesse personalmente un caduto in guerra.

La guerra degli ultimi

In questa fase del conflitto emergono poi in tutta la loro crudezza le ingiustizie del sistema di reclutamento. Dati alla mano sappiamo che circa il 60-70% dei militari americani impiegati in Vietnam erano afro-americani o latini. La quasi totalità dei soldati, inoltre, proveniva da famiglie a basso e bassissimo reddito. Per sfuggire al reclutamento molti ragazzi si iscrivevano all'università, scappavano in Messico o anche in Canada. Ma una latitanza e ancora di più l'istruzione di tipo universitario in America costavano (e costano tutt'ora) moltissimo, quindi solo i figli delle famiglie agiate e meglio informate riuscivano a farla franca. A finire nella giungla vietnamita erano quindi quasi solamente i figli degli strati più bassi della popolazione.

Il pugile Mohammed Alì (all'epoca si chiamava ancora Cassius Clay), ad esempio, rifiutò di andare in guerra e per questo gli fu tolto il titolo di campione del mondo e la possibilità di continuare a salire sul ring.

Il fatto che fosse afroamericano, naturalmente, era soltanto una casualità... L'arruolamento per il Vietnam si trasforma in una forma di classismo sociale che diviene ben presto intollerabile. L'amministrazione americana è così costretta a organizzare veri e propri sorteggi pubblici trasmessi dalla televisione nei quali vengono selezionate le date di nascite dei potenziali arruolati. Chiunque veda scritta la propria data di nascita tra le prime 120 sorteggiate, sa già che con ogni probabilità di lì a pochi mesi sarà trasferito nel delta del Mekong o nella giungla vietnamita.

L'opinione pubblica americana è ormai una pentola a pressione pronta ad esplodere da un momento all'altro. Le manifestazioni di protesta sono all'ordine del giorno. Durante una di queste manifestazioni alcuni studenti della Kent University in Ohio vengono attaccati dalla polizia. Quattro studenti vengono uccisi e otto feriti, mentre uno rimarrà paralizzato a vita.

Ma i problemi ti tipo sociale scoppiano anche in Vietnam, con i soldati costretti a vivere in un mondo completamente alieno e in condizioni di vita inimmaginabili per i figli del baby boom abituati a un benessere mai visto prima. Il risultato è ben presto devastante a livello umano, con effetti drammatici anche su chi riesce a tornare a casa. Solo per fare un esempio delle condizioni di vita delle truppe americane in Vietnam basti pensare che nel 1970 il 50% dei soldati americani aveva ammesso di aver fatto uso di droghe, soprattutto marijuana, oppio ed eroina.

<u>Hamburger Hill, collina 937</u>

La collina 937 divenne ben presto il simbolo di una guerra priva di senso. Il 10 maggio 1969, durante l'Operazione Apache Snow, il comando americano aveva stabilito che la Collina 937, situata nella valle di Ashau, al confine tra Laos e Vietnam del Sud, era un obiettivo militare di importanza strategica fondamentale. Per conquistarla le truppe americane sferrarono dunque un attacco di violenza inaudita. Di contro l'esercito nordvietnamita oppose una resistenza a oltranza, agevolata dal fatto che i soldati vietnamiti potevano colpire dalle trincee in cima alla collina, trincee ottimamente difese e capaci di resistere anche agli attacchi dell'aviazione e dell'artiglieria. Lo scontrò durò per dieci lunghissimi giorni, tanto che la Collina 937 venne soprannominata "Hamburger Hill" per l'impressionante numero di cadaveri che i due schieramenti avevano lasciato sul posto.

Emblematica una lettera spedita dal fronte dal soldato Steve Flaherty, che venne ucciso proprio sulla collina 937:

«Questa è un sporca guerra crudele ma spero che voi a casa riusciate a capire perché la combattiamo [...] Non riuscivamo neppure a recuperare i corpi dei compagni caduti e i nostri zaini, perché quando ci siamo ritirati, sono arrivati gli aerei e con le bombe e il napalm hanno incenerito tutto.

Il nostro plotone era di 35 uomini e quando lo scontro è finito eravamo rimasti in 19. I soldati dell'Esercito Regolare Nord Vietnamita combattevano fino alla morte e quando ne era rimasto vivo uno solo non siamo riusciti a prenderlo prigioniero, perché si era imbottito di esplosivo e come ci siamo avvicinati a lui, si è fatto esplodere.

Se ti chiama papà, digli che sono stato vicinissimo alla morte, ma sono scampato anche questa volta [...]»[17].

La lettera inviata da Steve Flaherty creò un enorme scalpore, anche perché arrivò a destinazione soltanto nel 2012, ovvero 43 anni dopo la sua spedizione. A riceverla non ci fu la madre del soldato che, come abbiamo detto, venne ucciso durante l'assalto di Hamburger Hill, ma Leon Panetta, Ministro della Difesa USA. Panetta per l'occasione si recò ad Hanoi per ricevere la missiva. I soldati di Hanoi avevano frugato nelle tasche del corpo senza vita di Flaherty e avevano trovato la lettera alla madre scritta la sera prima dell'ultima battaglia. I commissari politici nordvietnamiti

---

[17] Tony Starr, *Steve Flaherty Vietnam war letters arrive 43 years late*, BBC News, 17 luglio 2012.

capirono che quelle parole avrebbero potuto avere un valore psicologico prezioso, soprattutto l'espressione "sporca guerra"[18], e così la lettera del soldato americano venne ripetutamente letta e usata dalla propaganda Nordvietnamita. Le lettera venne letta spesso da Radio Hanoi, lo strumento di propaganda del governo del Nord, e poi in seguito fu pubblicata sulla stampa filo-vietcong in molti Paesi nel mondo.

Per quanto riguarda Hamburger Hill, infine, il 20 maggio 1969 la Collina 937 venne conquistata. Per farlo erano morti 80 soldati americani e altri 400 erano rimasti feriti. Al temine della battaglia un soldato inchiodò a un albero un pezzo di cartone con scritto

"Hamburger Hill. Ne valeva la pena?"[19]

Pochi giorni dopo arrivò dal comando maggiore l'ordine di sgomberare la zona

---

[18] Nella versione originale si legge "dirty war", ndT.

[19] Samuel Zaffiri, *Hamburger Hill: The Brutal Battle for Dong Ap Bia: May 11-20, 1969*, Presidio Press, 2009.

perché ritenuta priva d'importanza strategica. Inutile dire che l'episodio suscitò un clamore enorme negli USA, anche perché venne abilmente sfruttato dalla stampa, e contribuì non poco a creare un fronte sempre più ampio di opposizione al conflitto negli Stati Uniti. Proprio questo drammatico e insensato episodio ha ispirato *Hamburger Hill: Collina 937*, lo splendido film di John Irving del 1987, uno dei primi a sottolineare il problema razziale all'interno del conflitto in Vietnam.

L'invasione della Cambogia

Sempre nel 1970 nel tentativo di chiudere in fretta la faccenda e lasciare il terreno all'esercito del Sud Nixon decide di invadere la Cambogia. Fin dagli inizi del conflitto la Cambogia era considerata uno stato neutrale e questo impediva ogni impiego di truppe di terra da parte degli americani. Sfruttando questa situazione di incertezza Vietcong ed esercito del Sud sconfinavano abitualmente in territorio cambogiano, ben consapevoli del fatto che nessuno li avrebbe stanati una volta passato il confine. Per stroncare questa situazione l'amministrazione Nixon decide di penetrare in territorio cambogiano ma sotto la pressione dell'opinione pubblica americana che non voleva priore un altro fronte di guerra decide di limitare l'avanza a 19 miglia oltre il confine, come ho raccontato nella mia biografia di Pol Pot:

«Ben presto re Sihanouk firma di nuovo una serie di accordi segreti con i rivoluzionari comunisti del Vietnam del Nord. Alle truppe di Ho Chi Minh viene offerto ancora una volta il libero utilizzo del territorio Cambogiano nella loro lotta contro il Vietnam del Sud [...]. Per quanto dovessero restare segreti questi accordi vengono ben presto intercettati dalla CIA. A questo punto gli USA, di fronte a una situazione per loro assolutamente intollerabile, accusano il governo cambogiano di aver rotto la neutralità per dare aiuto ai Vietcong, inserendo così il governo di Sihanouk nella loro lista nera. Il presidente Nixon approfitta dunque di quella situazione piuttosto confusa per cercare di ottenere un vantaggio strategico concreto nel complesso e delicatissimo scacchiere indocinese. Vengono così autorizzate le prime operazioni militari segrete contro la Cambogia, ma nel lungo periodo quella mossa si rivelerà un clamoroso autogol. Allargando il perimetro del conflitto a un'area ancora più vasta, infatti, l'esercito americano si trovava *de facto* a fare i conti con una molto superficie maggiore da controllare, e di conseguenza con un relativo aumento esponenziale della complessità di gestione di tutta la situazione. Con i bombardamenti dei B52 e il napalm l'incubo infinito della guerra del Vietnam arriva dunque anche all'interno del territorio cambogiano»[20].

Più di 30.000 soldati americani e più di 50.000 soldati sud-vietnamiti entrano in Cambogia, ma i Vietcong decidono presto di ripiegare vanificando di fatto l'intervento americano. Quest'operazione militare, mutilata

---

[20] Richard J. Samuelson, *Pol Pot, il diavolo rosso*, LA CASE Books, 2015.

già in partenza, non produce risultati apprezzabili ma, anzi, determina un aumento della frustrazione dei militari americani che si trovano costretti a fare dietrofront e rientrare in Vietnam quando erano ad un passo dal nemico. Purtroppo per la Cambogia invece l'intervento americano creò un devastante effetto domino in tutta la regione, dando di fatto il via ad un conflitto che sarebbe terminato soltanto nel 1975 con la vittoria dei Khmer rossi.

L'operazione Lam Son

Nel febbraio del 1971 viene lanciata l'operazione Lam Son. L'intento è quello di distruggere il celebre "Sentiero di Ho Chi Minh", ovvero i camminamenti e i sentirei che usano Vietcong ed esercito del Nord in territorio laotiano. Anche in questo caso un intervento di truppe di terra americane non sarebbe possibile perché il Laos è un paese neutrale. Viene quindi predisposta una strategia mista in cui gli americani avrebbero fornito supporto aereo alle truppe del Sud le quali si sarebbero incaricate di penetrare in territorio laotiano e di affrontare il nemico sul campo di battaglia. Ancora una volta la strategia messa a punto dai vertici americani si risolve in un disastro dato che le truppe del Sud non sono in grado di portare a termine la benché minima azione militare. Per quanto equipaggiati con moderni tank e armi di grosso calibro, i soldati del Sud si disperdono alle prime avvisaglie di fuoco nemico rendendo le operazioni di copertura aerea difficili se non impossibili.

Gli americani sono costretti addirittura a bombardare i loro stessi mezzi militari abbandonati dall'esercito del Sud per evitare che cadano nelle mani del nemico. Se mai ce ne fosse stato bisogno questo episodio evidenzia una volta per tutte che l'esercito del Sud non è, e molto probabilmente mai sarà, in grado di sconfiggere il nemico. L'intera dottrina Nixon della vietnamizzazione appare per quello che è, ovvero un esercizio mentale privo di qualsiasi fondamento reale.

Un elicottero vietnamita Bell UH-1D/H
viene gettato in mare per far atterrare a altri
elicotteri in avvicinamento alla portaerei
USS Hancock (CVA-19) nell'aprile 1975.

FINE DEL CONFLITTO?

Alle elezioni del 1972 Richard Nixon viene confermato alla Casa Bianca. Ufficialmente continua a sostenere la sua dottrina della vietnamizzazione, ma in segreto il suo consigliere per la sicurezza nazionale Henry Kissinger ha avuto mandato di trovare un accordo di pace con il Nord, purché ufficialmente dignitoso. Con queste premesse nell'ottobre del '72 si arriva finalmente a un accordo sulla base del quale gli americani avrebbero abbandonato la regione, mentre all'esercito del Nord sarebbe stato consentito di mantenere le proprie guarnigioni armate nel Sud. Il presidente del Sud Thieu, però, non vuole accettare queste condizioni convinto, giustamente, che non siano altro che l'inizio di un'invasione da parte delle truppe del nord.

Dopo un tira e molla durato alcuni mesi il 27 gennaio 1973 a Parigi viene firmato l'accordo che determina la fine delle ostilità. Accordo ancora più paradossale se si considera che non era mai stata fatta alcuna dichiarazione ufficiale di apertura delle ostilità tra Stati Uniti e Vietnam del Nord. Viene comunque annunciato il cessate il fuoco immediato e vengono rilasciati i prigionieri di guerra, anche se per gli Stati Uniti resterà la ferita dei circa 2.500 *Missing in Action*, chiamati MIA, ovvero quei soldati scomparsi motivi sconosciuti durante il conflitto. A Parigi viene inoltre stabilito in 60 giorni il tempo massimo per l'evacuazione del territorio da parte delle truppe americane, così come viene ratificata la promessa di libere elezioni nel paese. In poche parole si ritorna alla situazione determinata dall'accordo di Ginevra del 1954.

Gli americani abbandonano il Vietnam al suo destino. Un paese distrutto e lacerato al suo interno da conflitti tremendi.

Guerra Civile

Come tutti si aspettavano una volta uscito di scena l'esercito americano i due contendenti, Nord e Sud, iniziano quasi da subito a darsi battaglia. Si tratta di una chiara violazione degli accordi di pace, ma a questo punto all'amministrazione americana e al mondo intero poco importa. Così gli USA, assieme al resto della comunità internazionale, decidono di far finta di non vedere.

Nel 1974 Gerald Ford sostituisce Nixon travolto dalla scandalo Watergate. Gli Stati Uniti sono un Paese logorato dal punto di vista economico. Sono gli anni della crisi internazionale del petrolio e così gli USA decidono di tagliare i finanziamenti al Sud del Vietnam, che ben presto si trova ad avere sofisticate armi americane ma a non avere il carburante per utilizzarle. Nel frattempo l'esercito del Nord ha iniziato la sua sua marcia nel Sud del Paese, destinazione Saigon.

Nonostante le accorate richieste del presidente Ford, un uomo dal carattere forse troppo debole per ricoprire il ruolo di presidente degli Stati Uniti, il congresso rifiuta ogni aumento dei finanziamenti al Vietnam del Sud.

Agli inizi del 1975 il Vietnam del Sud aveva tre volte l'artiglieria del Nord e per lo meno il doppio dei carri armati e soldati del nemico. Ciononostante la sconfitta era pressoché inevitabile. Dopo alcuni mesi di offensiva organizzata e decisa l'esercito del Nord riuscì infatti a portare sotto il proprio controllo l'intera regione del Sud.

Il 30 aprile 1975 i carri armati di Hanoi entrarono trionfanti a Saigon, subito ribattezzata "La città di Ho Chi Minh", costringendo anche gli ultimi americani (soprattutto agenti della CIA e personale dell'ambasciata) a lasciare in fretta e furia la città a bordo di elicotteri della marina militare. Le tante scene drammatiche dell'evacuazione di Saigon che tutti abbiamo impresse nella memoria grazie ai tanti filmati dell'epoca, restano probabilmente l'immagine più autentica della guerra del Vietnam, una sporca guerra che causò ferite e dolori inimmaginabili e che sacrificò milioni di vite innocenti sull'altare dell'ideologia.

Una delle tante immagini iconiche
della Guerra del Vietnam, ovvero
quella delle truppe aviotrasportate
che scendono da un elicottero.

Nella foto in alto delle truppe
dell'esercito sudvietnamita,
sotto invece vietcong che operavano
nel Vietnam del Sud.

LA CONTABILITÀ DELL'ORRORE

Al termine della guerra del Vietnam gli Stati Uniti avevano dichiarato ufficialmente di aver perso quasi 60.000 uomini sul campo. Più di 150.000 feriti di cui almeno 100.000 mutilati. 3.000 i dispersi, tra cui molti soldati che sono rimasti prigionieri all'interno dei campi vietnamiti. I soldati americani che a diverso titolo si sono alternati durante il periodo del conflitto sono stati più di tre milioni. Le operazioni belliche costarono agli

Stati Uniti più di 160 miliardi di dollari dell'epoca.

Molto più drammatico il bilancio in Vietnam dove si contavano più di due milioni di morti, oltre tre milioni di feriti e circa dodici milioni di profughi. Oltre a tutto ciò il Paese doveva fare i conti con intere zone devastate dai bombardamenti a tappeto con ordigni di ogni tipo: le famigerate bombe al napalm, bombe al fosforo che oltre a bruciare vive le persone distruggevano campi e coltivazioni, bombe a grappolo che provocarono migliaia di mutilati a causa delle schegge impazzite che esplodevano indiscriminatamente in ogni direzione. L'uso di defolianti ed erbicidi particolarmente tossici, come il famigerato "agente orange", distrussero poi per anni la vegetazione della regione, senza tener conto dei danni incalcolabili alla popolazione anche negli anni successivi alla guerra.

La Croce Rossa Vietnamita ha stimato in circa un milione i disabili a causa della esposizione all'Agente Orange, oltre a circa due milioni di persone colpite da gravi problemi a causa dell'esposizione alle sostanze chimiche. Per rendersi conto di che inferno si sia scatenato nel Sud Est asiatico durante questo conflitto maledetto basti dire che sul Vietnam sono state scaricate più bombe e esplosivi che in Europa durante la Seconda Guerra Mondiale.

Non va dimenticato poi che in Vietnam, a parte le armi nucleari, l'esercito americano impiegò ogni tipo di arma e mezzo possibili: caccia, bombardieri, elicotteri, B-52, DC-3 da trasporto modificati con mitragliatrici con una portata da diciottomila colpi al minuto.

Il Vietnam del Nord aveva vinto la guerra, su questo non c'erano e non c'è nessun dubbio, ma i decenni successivi furono durissimi e dimostrarono che "perse la pace", come disse molto amaramente il primo ministro Vietnamita Pham Van Dong:

«Sì, abbiamo sconfitto gli Stati Uniti. Ma adesso siamo perseguitati da molti problemi. Non abbiamo da mangiare. Siamo un paese povero, sottosviluppato. Fare una guerra è facile, ma governare un paese è difficile»[21].

Ma il Vietnam e gli Stati Uniti non furono le uniche nazioni a contare delle vittime. La Corea del Sud infatti alla fine del conflitto si ritrovò con 5.000 morti e 10.000 feriti; l'Australia perse 500 uomini ed ebbe più di 2.000 feriti; i morti tra le truppe neozelandesi furono 38 con poco meno di 200 feriti; anche la Thailandia perse 351 soldati in guerra.

Difficilmente calcolabile poi il numero dei rifugiati, dei dispersi, per non parlare della drammatica situazione lasciata in eredità alla Cambogia che dovette vivere l'incubo dei Khmer Rossi colpevoli di 2 milioni di morti nel giro di pochi anni e di uno degli esperimenti di "ingegneria sociale" più drammatici e crudeli che la storia ricordi.

---

[21] Stanley Karnow, op. cit.

DIRTY WAR

La guerra in Vietnam ha rappresentato uno spartiacque tra un prima ed un dopo non solo nell'opinione pubblica americana, ma anche a livello internazionale. È stata la prima guerra televisiva con reportage e documentari che ogni giorno portavano la crudezza del conflitto nelle case di milioni di persone.

Harry McPherson, amico personale del presidente Johnson e uno dei suoi più fidati "autori" dei discorsi presidenziali, testimoniò i maniera molto diretta l'influenza della televisione nella percezione del conflitto e nella formazione di un'opinione pubblica contraria alla guerra:

«Vidi l'invasione dell'ambasciata americana e il terribile spettacolo dell'uccisione del prigioniero vietcong da parte del generale Loan. Si acquisisce un vero senso di terrore dell'interminabilità della guerra e, sebbene suoni ingenuo, la qualità immorale di una guerra nella quale un prigioniero viene ucciso in quel modo. Io misi da parte i messaggi confidenziali. Ero più persuaso dai giornali e dalla televisione. Ero totalmente esasperato dall'ottimismo che sembrava giungere senza interruzione da Saigon»[22].

Questo ha determinato una frattura tra la società civile e i vertici del potere americano quando sono emerse con chiarezza le incongruenze e le menzogne propagandistiche proposte a livello ufficiale. Per la prima volta

---

[22] *Vietnam: A Television History, Interview with Harry McPherson*, di Richard Ellison, 1981.

l'americano medio ha avvertito un senso di disagio profondo realizzando che il suo governo gli mentiva nella forma e nella sostanza delle informazioni che riguardavano il conflitto.

Per molti aspetti il periodo della guerra in Vietnam ha rappresentato quando di più simile ad una guerra civile all'interno dei confini americani, con gruppi pronti a protestare anche in maniera violenta contro il potere e le istituzioni americane. Gli errori tattici e strategici sono stati innumerevoli e hanno portato ben presto gli americani a perdere ogni forma di supporto da parte della popolazione locale. Tutto il conflitto nel suo complesso ha interessato ben sei amministrazioni presidenziali, da quella di Eisenhower, il primo a mandare i consiglieri militari in zona, a Carter, che cercò mettere la parola fine alle tensioni interne promulgando una legge il 21 gennaio del '77 che di fatto perdonava e condonava chiunque fosse scappato all'estero per evitare di prestare servizio in Vietnam.

Per concludere un breve cenno sui servizi filmati della guerra in Vietnam. Come abbiamo detto quella del Vietnam è stata la prima guerra televisiva della storia. Allo stesso modo come abbiamo ricordato, dati ufficiali alla mano, che circa il 60-70% dei militari impiegati in Vietnam erano afroamericani o latini. Fateci caso, se guardate un servizio televisivo, un documentario o un cinegiornale dell'epoca però vedrete quasi esclusivamente ragazzi bianchi. Come mai?

Il dibattito è ancora aperto ma con ogni probabilità si è trattato di una scelta dettata dagli interessi di share dei network americani. All'epoca infatti la televisione era un elettrodomestico ancora relativamente poco diffuso e solo le classi più agiate, normalmente i bianchi, ne possedevano uno. Come disse una volta Tiziano Terzani l'obiettività nel mestiere del giornalista di guerra non esiste: basta girare la macchina da presa da una parte o da un altra ed ecco che viene trasmessa una diversa realtà.

Nonostante l'enorme campagna propagandistica messa in campo dal Governo

USA il risultato finale per gli Stati Uniti fu disastroso, come ammise lo stesso Henry Kissinger:

«Il Vietnam è ancora dentro di noi. Ha creato dei dubbi sulla capacità di giudizio degli americani, sulla credibilità americana, sulla potenza americana, non soltanto il patria ma in tutto il mondo. Ha avvelenato il nostro dibattito politico interno»[23].

Del resto gli Stati Uniti non avrebbero mai potuto vincere quella guerra. I nordvietnamiti erano disposti a sopportare l'insopportabile, come dichiarò lo stesso generale Giap:

«Potete anche uccidere dieci miei uomini, mentre io ne uccido soltanto uno dei vostri, ma anche con questa disparità voi perderete e io vincerò. [...] Ogni minuto, sul pianeta terra, muoiono centinaia di migliaia di

---

[23] Henry Kissinger, *Ending the Vietnam War: A History of America's Involvement in and Extrication from the Vietnam War*, Simon & Schuster, 2003.

persone. Non attribuisco particolare importanza alla vita o alla morte di cento, mille, diecimila esseri umani, anche miei compatrioti. Siamo disposti a combattere dieci, quindici, venti, cinquant'anni. Non importa quanto ci costerà, l'unica cosa che conta è la nostra vittoria finale»[24].

---

[24] Cecil B. Currey, *Victory at Any Cost: The Genius of Vietnam's Gen. Vo Nguyen Giap*, Potomac Books Inc, 2009.

UNA GUERRA POP

La guerra del Vietnam è stata anche la prima guerra pop della storia. Merito, o colpa, della televisione, non ci sono dubbi, ma anche del fatto che il Governo Americano a un certo punto non ha più potuto gestire l'esclusiva dell'informazione dal fronte. C'è poi una particolare importantissimo da un punto di vista storico e sociale che fa sì che la guerra del Vietnam rappresenti un vero e proprio *unicum* per la società americana. I ragazzi che sono andati a morire in Vietnam infatti erano i figli del benessere, i *baby boomers* protagonisti dell'American Dream.

I loro genitori avevano combattuto la Seconda Guerra Mondiale, i loro nonni la Prima Guerra Mondiale. Ma se tra il primo e il secondo conflitto mondiale l'America era stata investita da un periodo di crisi durissimo, il secondo dopoguerra era stato invece un periodo di incredibile boom economico. Per la prima volta gli americani avevano affrontato un periodo di totale stabilità economica, senza conflitti militari particolarmente impegnativi, con un'intera generazione "viziata" dai propri genitori che chiudevano volentieri un occhio per i loro figli dopo aver vissuto sulla loro pelle la sofferenza della grande depressione prima e il dolore della Seconda Guerra Mondiale poi.

La perdita dell'innocenza

Il consumismo, Hollywood, i beatnik, Elvis Presley e il Rock & Roll, la Summer of Love, Woodstock, i figli dei fiori, il surf, la rivoluzione sessuale, le droghe, le università il benessere economico, gli anni del boom. Nessuna generazione prima di allora aveva potuto approfittare di un tenore di vita del genere. Stiamo parlando di fatto di una generazione che era riuscita a vivere una vera e propria "infanzia dorata". Una generazione intera immersa in pieno nell'American Dream. Fino al drammatico risveglio in Vietnam. Per questo motivo in molti hanno identificato nel Vietnam la perdita dell'innocenza di un'intero paese.

Per la prima volta inoltre una guerra viene raccontata all'opinione pubblica in diretta dai reduci, dagli oppositori al conflitto. Si crea un movimento di protesta interno che mina profondamente l'establishment politico e militare del paese. Fino ad allora fenomeni di questo tipo non erano mai riusciti a raggiungere le masse ma erano rimasti semplici episodi di protesta limitati. Negli anni '60 e '70, invece, i giornali e le televisioni riescono a raccontare e a mostrare all'opinione pubblica americana quello che il Governo avrebbe preferito tenere nascosto.

I reduci

La violenza senza senso di una guerra che nessuno riesce a capire esplode in tutta la sua forza disturbante. L'America assiste sgomenta al fenomeno dei reduci che, per la prima volta nella storia degli Stati Uniti, sono dei perdenti, dei *looser*.

I reduci della prima e della Seconda Guerra Mondiale erano stati dei vincitori, degli eroi. Avevano dovuto affrontare esperienze al limite della sopportabilità umana, ma avevano salvato il mondo dalla minaccia nazista. Avevano sconfitto l'Impero del Male. I reduci dal Vietnam invece che cos'erano?

Ecco il ricordo di John Kerry, segretario di Stato Americano durante il secondo mandato presidenziale di Barack Obama e reduce del Vietnam:

«Una settimana dopo aver lasciato la giungla stavo volando da San Francisco a New York. Mi addormentai e mi svegliai gridando. Probabilmente ebbi un incubo. Gli altri passeggeri si allontanarono da me e constatai questa reazione sempre di più nei mesi successivi. Il Paese non è disposto a muovere un dito per la gente che ritorna a casa o per quello che hanno vissuto. Il sentimento verso i veterani era: *stai lontano, non contaminarci con quello che ti sei portato a casa dal Vietnam»*[25].

I civili non potevano guardare in faccia i reduci, rappresentavano in maniera palese la sconfitta di una nazione abituata a vincere. Chi aveva perso un figlio, un fratello, un padre o semplicemente un amico, non poteva sopportarli dato che se i loro cari non ce l'avevano fatta la colpa era anche dei reduci. Quegli uomini esprimevano il disagio sociale di un conflitto che aveva falciato in maniera irreversibile una generazione, incarnavano un senso di sconfitta insanabile. Gli stessi reduci inoltre si sentivano completamente smarriti e abbandonati. Ogni guerra porta

---

[25] John Kerry, Every Day Is Extra, Simon & Schuster, 2018.

al limite estremo gli esseri umani, su questo non ci sono dubbi. In ogni conflitto uomini e donne sono costretti a compiere azioni inimmaginabili, impensabili. Quando spariscono concetti come giusto e sbagliato l'unica cosa che conta è restare vivo, nessuno può sapere come si comporterà in una situazione così critica.

Ma le guerre precedenti, come abbiamo visto, avevano una motivazione, uno scopo. Concetti come "bene" e "male", a torto o a ragione, erano radicato nell'intimo dei soldati. Si trattava di guerre "giuste", o perlomeno come tali venivano spacciate all'uomo della strada che finiva in prima linea ed era costretto a vivere situazioni disumane.

In Vietnam invece era tutto diverso. Nessuno sapeva per quale motivo si stesse combattendo. A nessuno interessava stare lì. Volevano tutti tornare a casa.

Da parte della popolazione locale non poteva esserci nessun sentimento positivo nei confronti degli americani. I vietnamiti non volevano essere aiutati, volevano semplicemente essere lasciati in pace. Ecco perché il senso di frustrazione era immenso, per non parlare poi dei disagi dovuti al consumo smodato di droghe pesanti, di cui abbiamo già parlato, che causò una serie infinita di problemi al fronte, oltre alla situazione impossibile sperimentata dai reduci una volta tornati a casa.

Chi tornava a casa, infatti, si trovava a essere, nella migliore delle ipotesi, un tossicodipendente. A tutto questo poi vanno sommati i traumi devastanti a livello psicologico o fisico.

Il conflitto ebbe inoltre un impatto letteralmente devastante nella popolazione vietnamita, popolazione che ha impiegato decenni per superare i traumi umani e sociali di quel conflitto che ha brutalizzato due generazioni di vietnamiti, creando una frattura insanabile.

<u>Contestazione in diretta</u>

Mentre la guerra è ancora in corso iniziano a uscire i primi libri che raccontano la follia di quel conflitto e la disperazione dei reduci. Gli stessi reduci sono in prima linea nelle proteste antigovernative contro il conflitto e, come abbiamo sottolineato, per la prima volta nella storia smascherano in tempo reale le bugie della propaganda. Le testimonianze dei reduci hanno un effetto devastante nell'opinione pubblica, gli scaffali delle librerie si riempiono di libri che raccontano l'orrore, gli inviati della stampa di tutto il mondo squarciano il velo di ipocrisia che il Pentagono vorrebbe stendere sopra al conflitto.

In questo meccanismo di contro-informazione Hollywood è stato senza dubbio lo strumento dall'impatto più devastante, anche se il primo film sulla guerra del Vietnam è, paradossalmente, *Berretti verdi*, 1968. Il film, interpretato da John Wayne, ha un chiaro intento propagandistico e infatti viene profondamente contestato dalla società americana.

Nella prima metà degli anni '70 invece una serie di kolossal hollywoodiani portano sul grande schermo tutta l'assurdità del conflitto vietnamita. Stiamo parlando di capolavori come *Apocalypse Now* di Francis Ford Coppola, *Taxi Driver* di Martin Scorsese e *Il cacciatore* di Michael Cimino. Film violenti, terribili, che scatenano una marea di polemiche e che fanno capire chiaramente come non esistano più i buoni e i cattivi.

Negli anni '80 poi un altro filone di film porterà in risalto le problematiche di quella guerra sporca con pellicole come *Rambo* di Ted Kotcheff (tratto dal romanzo di David Morrel pubblicato nel 1972), *Platoon* e *Nato il 4 luglio* di Oliver Stone (che scrisse insieme a John Milius la sceneggiatura di *Apocalyspe Now* e che combatté in Vietnam come soldato), il già citato *Hamburger Hill* di John Irving, *Vittime di guerra* di Brian De Palma e *Full Metal Jacket* di Stanley Kubrick.

Altro filone che avrà molto successo sarà quello dei cosiddetti *Missing in Action*, vale a dire quei film dedicati al recupero dei soldati americani detenuti nei campi di prigionia nascosti nell'impenetrabile vegetazione vietnamita, come *Rambo II* di George P. Cosmatos o *Fratelli nella notte* di Ted Kotcheff.

Quello del Vietnam è diventato un vero proprio genere cinematografico capace di raccontare una generazione perduta in maniera drammatica e incredibilmente reale. La stessa figura del "reduce" del Vietnam è diventata un *topos* del cinema americano, a differenza dei reduci di altre guerre che non hanno mai esercitato particolare fascino da un punto di vista cinematografico. Di fatto i film sul Vietnam non si sono mai fermati, dimostrando come il racconto cinematografico di quel conflitto assurdo non sia stato una semplice moda, ma una vera e propria chiave interpretativa della realtà. Se si vuole raccontare l'America del ventesimo secolo non si può prescindere dal Vietnam, come dimostrano due capolavori diversissimi tra loro come *Un mercoledì da leoni* di John Milius e *Forrest Gump* di Robert Zemeckies.

<u>Un fenomeno unico</u>

Dal punto di vista dell'impatto culturale la guerra del Vietnam resta un *unicum*, su questo non ci sono dubbi. Ogni guerra genera le sue mitologie, i suoi eroi e i suoi mostri, ma nessun conflitto è riuscito a far breccia nell'immaginario collettivo contemporaneo in maniera così forte.

Basti pensare alle recenti guerre in Iraq e in Afghanistan da parte degli Stati Uniti. Anche in questo caso abbiamo letto libri e visto molti film sull'argomento, ma quasi mai ci siamo trovati di fronte a opere che travalicano i limiti del singolo periodo storico. Lo stesso discorso può essere fatto per la Seconda Guerra Mondiale, polarizzata in eterno sul conflitto bene-male con gli alleati da una parte e i nazisti dall'altra. La guerra del Vietnam, anche grazie a film come *Apocalypse Now* e *Il cacciatore*, si è ritagliata invece un posto a parte nella cultura occidentale e nella storia sociale del secolo scorso, continuando a esercitare la sua influenza come paradigma assoluto antimilitarista.

Le parole del Colonnello Kurtz, personaggio magistralmente interpretato da Marlon Brando nel capolavoro di Francis Ford Coppola, riassumono in maniera perfetta il senso della guerra del Vietnam e, in definitiva, di tutte le guerre:

«l'orrore... l'orrore...»

APPENDICE: CRONOLOGIA

1940

I giapponesi approfittando della situazione creatasi in seguito alla Seconda Guerra Mondiale si insediano militarmente nell'Indocina francese all'epoca occupata già dalle truppe tedesche. Nasce una resistenza anti-giapponese guidata dal comunista Ho Chi Minh.

1945

Nella prima parte dell'anno giapponesi attaccano le residue guarnigioni francesi e occupano definitivamente il paese. Ad agosto però i giapponesi sono costretti ad arrendersi.

1946

La Francia prova a restaurare la vecchia colonia indocinese ma la resistenza vietnamita è durissima. Scoppia la Guerra d'Indocina.

1950

Gli Stati Uniti, occupati nella Guerra di Corea, si impegnano a sostenere economicamente lo sforzo bellico francese in Indocina.

1954

Con la battaglia di Dien Bien Phu i francesi sono definitivamente sconfitti.

A Ginevra vengono firmati accordi internazionali che stabiliscono che il Vietnam venga diviso in due stati all'altezza del 17° parallelo. Entrambi i nuovi stati si impegnano a organizzare libere elezioni entro il 1956. Intanto gli Stati Uniti inviano supporto tecnico e finanziario al Vietnam del Sud. Nasce la SEATO, vi aderiscono Pakistan, Thailandia, Filippine, Australia, Nuova Zelanda, Francia, Regno Unito e Stati Uniti. Successivamente vi aderiranno anche Vietnam del Sud, Laos e Cambogia.

<u>1955</u>

Gli Stati Uniti iniziano ad addestrare l'esercito sud-vietnamita. Nel frattempo Ho Chi Minh, leader del Vietnam del Nord, stringe un'alleanza con l'Unione Sovietica allontanandosi dalla sfera di influenza cinese.

Il 23 ottobre Diem diventa capo di stato del Vietnam del Sud. Tre giorni dopo viene proclamata la repubblica del Vietnam. Diem si autoproclama presidente.

In luglio, a Mosca, Ho Chi Minh accetta l'aiuto sovietico dopo aver negoziato a Pechino l'assistenza cinese. Il 23 ottobre Diem sconfigge Bao Dai in un referendum e diventa capo di stato; il 26 ottobre proclama la repubblica del Vietnam, autonominandosi presidente.

1957

Nel Vietnam del Sud inizia l'insurrezione comunista mentre da Hanoi vengono inviate truppe nel Sud del paese.

1960

I Vietcong entrano in clandestinità e ricevono un importante sostegno dal Vietnam del Nord.

1961

John F. Kennedy invia 1.364 consiglieri americani nel Vietnam del Sud.

1962

Il numero di consiglieri statunitensi sale a 9.865.

1963

Le truppe americane in Vietnam contano ormai 15.500 unità. Diem viene assassinato in un colpo di stato militare dopo che il presidente Kennedy e la CIA avevano dato parere favorevole alla sua rimozione.

Il 22 novembre 1963 John Fitzgerald Kennedy viene assassinato a Dallas. Lyndon Johnson diventa il nuovo presidente degli Stati Uniti d'America.

1964

Ad agosto si verifica l'incidente del Golfo del Tonchino. Lyndon Johnson intensifica l'invio di truppe nel Sud est asiatico.

1965

Cominciano i bombardamenti massivi in Vietnam del Nord da parte delle truppe americane. Arrivano in Vietnam anche i marines per iniziare un'operazione terrestre su larga scala. Ad agosto i soldati presenti in Vietnam saranno 125.000.

1966

Gli americani hanno ormai quasi 400.000 soldati in Vietnam.

1967

500.000 soldati americani in Vietnam.

1968

Il 1968 è caratterizzato dall'Offensiva del Tet. A marzo si verifica il massacro di My Lai. Ad aprile gli Stati Uniti e il Vietnam del Nord iniziano i colloqui a Parigi.

In ottobre, il presidente Johnson blocca tutti i bombardamenti a Nord del 17° parallelo.

1969

Nixon, il nuovo presidente degli Stati Uniti, annuncia che si stanno portando avanti colloqui riservati per una conclusione politica della guerra. Ad aprile Washington è invasa da un'immensa manifestazione pacifista. Poco dopo l'opinione pubblica americana viene a conoscenza del massacro di My Lai.

1971

I soldati americani in Vietnam scendono a 325.000 unità. Il Vietnam del Sud invade il Laos con l'appoggio degli Usa.

1972

A fine anno ripartono i bombardamenti nel Vietnam del Nord mentre negli Stati Uniti il fronte pacifista è sempre più compatto.

1973

Gli Stati Uniti cessano ufficialmente le operazioni militari in guerra. Henry Kissinger viene insignito del Premio Nobel per la Pace. La guerra del Vietnam è costata agli USA più di 58.000 morti e più di 150.000

feriti, per una spesa complessiva di oltre 160 miliardi di dollari dell'epoca.

1975

Il 30 aprile Saigon cade nelle mani dell'FLN e dei Nordvietnamiti e diviene Città di Ho Chi Minh.

RICHARD J. SAMUELSON

Storico, giornalista e divulgatore specializzato in storia militare del Novecento, per LA CASE Books ha curato la collana "I Signori della Guerra".

Tra i suoi bestseller ricordiamo *Josef Mengele, l'angelo della Morte di Auschwitz*, *Heinrich Himmler, il sacerdote nero del Terzo Reich*, *Geronimo, la furia rossa* e *Gengis Khan, il guerriero figlio della steppa*.

LA CASE BOOKS

LA CASE Books è un progetto editoriale nato nel 2010 da un'idea di Jacopo Pezzan e Giacomo Brunoro.

Agli inizi del 2010 Pezzan, che vive a Los Angeles, capisce che quella dell'editoria digitale non è una semplice scommessa sul futuro ma una realtà concreta. Così quando in Italia non era ancora possibile acquistare ebook su iTunes, e Kindle Store era attivo soltanto negli USA, LA CASE Books inizia a pubblicare ebook e audiolibri in italiano e in inglese sul mercato mondiale.

Nel 2020, per celebrare i primi dieci anni di attività della casa editrice, iniziano anche le pubblicazioni in formato cartaceo.

Oggi LA CASE Books ha un catalogo di più di 600 titoli tra libri cartacei, ebook. e audiolibri in inglese, italiano, tedesco, francese, spagnolo, russo e polacco, ed è presente nei più importanti digital store internazionali.

www.lacasebooks.com

LA GUERRA DEL VIETNAM

Richard J. Samuelson

Copyright © 2021 LA CASE

Copyright © 2014 - 2021 LA CASE

Tutti i diritti riservati

2021 - 1a Edizione Cartacea

2021 - 1a Edizione Audiolibro

2014 - 1a Edizione Digitale

LA CASE Books

PO BOX 931416, Los Angeles, CA, 90093

info@lacasebooks.com || www.lacasebooks.com

Nessuna parte di questo libro può essere riprodotta o archiviata in un sistema di recupero né trasmessa in qualsivoglia forma o mediante qualsiasi mezzo, elettronico, meccanico, tramite fotocopie o registrazioni o in altro modo, senza l'autorizzazione scritta esplicita dell'editore.

www.ingramcontent.com/pod-product-compliance
Lightning Source LLC
La Vergne TN
LVHW031426170726
843492LV00009B/2873